リレーションシップ
マーケティング

― インタラクション志向の関係性へ ―

岡山 武史 編著

五絃舎

はしがき

　本書は，リレーションシップ・マーケティングの学習を進める初学者およびリレーションシップ・マーケティング研究を認識する目的をもつ者のために作成されたものである。初学者のためには，わかりやすい表現や豊富な事例を取り入れることによって，理解を容易にするように執筆者のメンバーでは一定の合意を形成して作成が行われた。またよりリレーションシップ・マーケティングを全体的に捉えるために，本書は3つのSTEPに区分されており，全10章によって構成されている。それぞれはマーケティング関連において日々研究を進めているメンバーによって執筆されたものである。それぞれのメンバーの経験から，よりわかりやすい解説を行うとともに，本書全体のテーマである「価値共創型のインタラクション」を重視したリレーションシップ・マーケティングへの発展に多くの観点からの知見を加えていただいた。今後もよりリレーションシップ・マーケティングをわかりやすく，理解し易いものをつくることを進め，また本書では対象とすることができなかった点を網羅した，全体としてのリレーションシップ・マーケティング像を捉えるものをつくっていくことをメンバー一同の課題としたい。

　本書の概要については第1章にて詳述されるが，STEP1では，リレーションシップ・マーケティングの基本として用語，考え方，目的，歴史などを理解する。(第1章～第3章)

　STEP2では，サービス志向のリレーションシップ・マーケティングを中心的なテーマとしている。(第4章～第6章)

　STEP3では，より広い範囲の拡張としてのリレーションシップ・マーケティングを理解する。(第7章～第10章)

　本書を執筆・編集するにあたり，多くの方々からの協力があったことをここ

で記しておきたい。特に本書をつくるきっかけをつくっていただいた追手門学院大学の松井温文先生，出版社である五絃舎の長谷雅春氏による多大なご支援と暖かい力添えがあり，本書が形を成すことができた。心から感謝を申し上げる次第である。

　また，執筆メンバーの先生方には，テーマの設定や執筆にあたっての細かい部分，内容についての指定があり，内容についてもテーマに従ったいくつかの調整・修正にご協力をいただいた。ここに厚く御礼申し上げる。

2014年　7月

執筆者を代表して

岡山 武史

目　次

第1章　リレーションシップ・マーケティング序論 ── 9
　1.　リレーションシップの重要性 ── 9
　2.　リレーションシップ・マーケティングの視点 ── 9
　3.　リレーションシップ・マーケティングの範囲 ── 11
　4.　コミットメントと信頼 ── 12
　5.　リレーションシップにおける価値共創への参加 ── 13
　6.　本書の全体の構図と概要 ── 14

第2章　リレーションシップ・マーケティングの起源と歴史 ── 19
　1.　マーケティング ── 19
　2.　リレーションシップ・マーケティングの登場 ── 20
　3.　サービス・マーケティングへの貢献 ── 25
　4.　リレーションシップ・マーケティングの発展 ── 27

第3章　顧客満足と顧客ロイヤルティ戦略 ── 31
　1.　期待の不一致と顧客満足の関係 ── 31
　2.　顧客ロイヤルティの定義 ── 32
　3.　顧客ロイヤルティの重要性 ── 34
　4.　ロイヤルティ・プログラム ── 36
　5.　ロイヤルティ・プログラム効果の強化 ── 38
　6.　ロイヤルティ・プログラムのジレンマ ── 40

第4章　サービス環境のリレーションシップ・マーケティング——45
 1.　サービス・マーケティングの登場と基本的体系——45
 2.　インターナル・マーケティング——47
 3.　インタラクティブ・マーケティング——51
 4.　エクスターナル・マーケティング——53

第5章　サービス・ドミナント・ロジック——57
—プロセスとしてのマーケティング—
 1.　有形財のマーケティングと無形財のマーケティングを
  包括するサービス・ドミナント・ロジック——57
 2.　S-Dロジックのマーケティング研究への影響——58
 3.　サービスの特性の再検討を通じた新しい
  「サービス（service）」概念——59
 4.　S-Dロジックの基本的前提（FP）の変遷——60
 5.　S-Dロジックにおけるリレーションシップ概念と
  事例の検討——66
 6.　消費プロセスの解明の意義——69

第6章　経験価値とリレーションシップ——73
 1.　社会と共に変わり行く価値のあり方——73
 2.　経験価値とは——75
 3.　経験を演出する場としての顧客接点——80
 4.　リレーションシップを通じた経験価値の共創——81
 5.　売り場における経験価値のデザイン−イオンモール幕張−——83

第7章　インターネット環境のリレーションシップ——87
 1.　私たちの生活とインターネット——87
 2.　リレーションシップ・マーケティングと情報技術の発達——89

3．インターネットを利用したブランドリレーションシップの
　　構築 ——————————————————————————— 91
　4．インターネットを利用したブランドコミュニティの構築 ——— 93
　5．インターネット技術の進化とリレーションシップ・
　　マーケティング ————————————————————————— 96

第8章　営業によるリレーションシップ構築 ————————————— 101
　1．営業とIT革命 ———————————————————————— 101
　2．IT革命以前の営業 —————————————————————— 101
　3．IT革命のインパクト ————————————————————— 103
　4．データによる関係づくり ——————————————————— 104
　5．人間性の時代へ ——————————————————————— 109

第9章　BtoBにおけるリレーションシップ ———————————————— 111
　1．BtoBとは何か ———————————————————————— 111
　2．BtoB領域の特徴 ——————————————————————— 112
　3．ステークホルダーとリレーションシップ ————————————— 114
　4．BtoB企業と社会との関係 ——————————————————— 116
　5．関係性構築とコーポレート・コミュニケーション ——————— 118
　6．従業員とのリレーションシップの重要性 ————————————— 123

第10章　ライフスタイルとリレーションシップ ————————————— 127
　1．マーケティング機能としての顧客創造と顧客維持 ——————— 127
　2．顧客維持のための継続客の重要性 ——————————————— 128
　3．マーケティングにおけるライフスタイル概念の必要性 ———— 129
　4．マーケティングにおける「生活者」発想 ————————————— 132
　5．事例：阪急百貨店（西宮阪急）におけるコトコトステージの
　　取り組み ——————————————————————————— 135

6. リレーションシップマーケティングにおける「場」とツー・ステージド・コミュニケーションの重要性−西宮阪急の事例から−————*139*

第1章　リレーションシップ・マーケティング序論

1. リレーションシップの重要性

　近年リレーションシップの重要性が企業活動や実務においても認識されるようになってきている。ある企業では，製造した製品がどれだけ売れたのかという指標だけでなく，一人の顧客がどれだけの期間，量において製品を購入し，使い続けているのかということが成果の指標に取り入れられるようになった。こうした成果を測定するために，顧客シェアや，顧客維持率，顧客の生涯価値（LTV）といった指標が利用される。マーケティングの専門家であるレビット（Levitt）は「売り手と買い手の関係は販売が行われただけでは終わらず，それは求愛を達成しただけの状態だ。その後に，結婚が始まるのだ」という言葉を残した[1]。

　また，企業においてもリレーションシップの資源としての価値が注目される。顧客やステークホルダーとのリレーションシップは構築するためには時間がかかるが，一度つくりあげることができれば，他社に容易に模倣することができない資源となる。

2. リレーションシップ・マーケティングの視点

　わが国でリレーションシップ・マーケティングの重要性が特に注目されるようになったのは90年代頃であり，そこではとりわけ取引志向のマーケティングとリレーションシップ・マーケティングの比較が視点であった。取引志向のマーケティングは，顧客の獲得と，その顧客との取引を重視してみているが，

一方でリレーションシップ・マーケティングは顧客との長期的な関係性の構築や，そこにつながる顧客満足，顧客維持，顧客の信頼とコミットメントといったものの解明が進められていた。こうした考えへの進展の背景には，ビジネスにおいて顧客は希少価値が高いものとして認識されるようになったことと，新規顧客の獲得は既存顧客の維持に比べて高コストであるという認識への変化がある。こうした背景から，既存顧客とのリレーションシップ構築に焦点が当てられるようになった[2]。

近年のリレーションシップ・マーケティングでは，顧客との長期的な関係性を視点に置きながらも，その関係性の中から生まれるインタラクション（相互作用）によって，生まれるモノやコトに視点が移っている。これは90年代のリレーションシップ・マーケティングの一部を除く多くの定義がインタラクションに触れられていないことからも理解できる。本書の対象とするリレーションシップ・マーケティングの中心的視点は，リレーションシップを通じたこのインタラクションおよびそこから生みだされる価値の共創であり，これらを全体の中心的なテーマと置いている。

リレーションシップ・マーケティングとは，

「リレーションシップ・ネットワーク内でのインタラクションに基礎を置いたマーケティングである」[3]

「一定の利益を確保しながら，顧客とステークホルダーとのリレーションシップを識別，確立，維持，強化していくプロセスのことである」[4]

「うまく関係性を主とした交換活動を確立し，発展させ，維持していくために行われるすべてのマーケティング活動である」[5]

以上のように現在では定義がされている。本書で取り扱うリレーションシップ・マーケティングは，一定の利益を確保するために，関係性を構築，維持し，価値を創造するためのインタラクションを活性化できる関係性へと発展させるための活動を主として対象としている。こうした定義は時代に沿ってその内容と共に変化するものであり，むしろこれらの内容がどのように変化をしていったのかを理解していくことが非常に重要となることを示しておきたい。

リレーションシップ・マーケティングは，古くはサービス・マーケティングやBtoBマーケティング，および流通における企業間の関係性などに起源をもち，発展した。現在では経験経済[6]や経験価値[7]，S-Dロジック（サービス・ドミナント・ロジック）[8]といったインタラクションを重視する新たな概念が登場している。また日々技術革新や環境の変化と共に進化を続けるインターネット環境や営業活動におけるインタラクションの重要性の高まり，そしてすべての生活者を取り巻く生活環境やライフスタイルといったよりバックグラウンドとしての環境をどのように企業と共創していくのか，こうした領域がマーケティングの中でもスポットを浴びるようになっている。

3. リレーションシップ・マーケティングの範囲

初期のリレーションシップ・マーケティングでは，主に顧客との関係性の構築・維持に焦点を当てたものが多かった。近年ではリレーションシップ・マーケティングの範囲として，より広い範囲を設定することが多く，組織内および組織間の関係性を含んでいる。特に，従業員や協力関係にある企業が使命や目的達成に向けて方向性を共有し合い，最終的な成果を達成するためにインターナル・マーケティングの重要性が認識されるようになっている。またこれらに加えて，顧客間（CtoC）の関係性とインタクラクションを含むこともある。より良い顧客同士のインタラクションを活性化させる仕組みや場づくりの動きが盛んになってきている。

インタラクション（相互作用）とは，関係性の当事者らが互いに何らかの意思や考えをもちつつ，なおかつ相手の行動の影響を受けながら，自らの行為を展開していくことである。そしてそこでは，思考や行動が，自己と相手の双方から影響を受けることになる[9]。

4. コミットメントと信頼

　コミットメントとは，関係性とそこにおける協働を継続して行うことへの強い意志である。一方信頼は，コミットメントのための前提条件としても考えられており，相手が行う約束や決まりを達成してくれると，ある程度のリスクがある中で認識できる程度を表す。

　リレーションシップの構築や維持のための基本的要素としてコミットメントと信頼は重要である。モーガンとハント（Morgan and Hunt）[10]は，コミットメントと信頼は，パートナーと協力して相互にリレーションシップに投資し続けるように動機付けるため，相互のリレーションシップにおける中心的概念であるとした。特に信頼は，形成にはリスクが伴うが，合理的・感情的関係性の絆へと発展する可能性をもつ。信頼について和田[11]は認知的信頼と感情的信頼とに区別した。認知的信頼は，関係における期待と満足の繰り返しによって高められるものであり，感情的信頼はパートナーのパーソナリティや，そのパートナーの能力や誠実さが意味的に表現されるその他の要因から生み出され，これらはより周辺的・外部的要因である[12]。

　モーガンとハントは，コミットメントと信頼が重要である理由として3点を挙げる。

①パートナーと協力することによって関係における投資を維持していくこと。

②既存のパートナーと一緒にいることによる長期的な利点を支持することによって，その他の魅力的な代替案に抵抗する。

③パートナーが機会主義的な行動をしないだろうという信念によって，思慮深くハイリスクな行動を見ることができる。

　①，②は関係における互いの絆を深める要因であるが，③はリスクを信頼とコミットメントで低減することによって，よりリスクの高い行動への挑戦や，より高度な成果に結びつく協力行動を引き出すものである。関係性におけるイ

ンタラクションを活性化させ，互いにより高い価値を創造し合うためには協力関係をより深めることが重要である。

　以上こうした関係的な要素が高まることによって，リレーションシップが発展していく。そこでは，関係に関わる者の間に暗黙的および明示的なルールが生まれるようになり，また互いに相手のことを学習し，信頼することによって，自らの資源や取引の内容に合わせて調整するようになり，コンフリクトを避けて協力し合う傾向が強くなる[13]。こうしたリレーションシップから生まれるものは，より高度で複雑な価値への共創であり，こうした価値共創へのモチベーションにつながる協力関係や非経済的な信頼，絆，達成感といったものである。こうした要素は企業の形の無い資源として有効に構築，活用すべきものである。

5. リレーションシップにおける価値共創への参加

　リレーションシップの協働に参加するメンバーはある一定の合意を形成し，参加の意思表示と行動をする。協働関係においては，ある一定のルールやマナーが存在する。これらのルールやマナーは暗黙的に合意されているものや，書面化されているような形式的なものとして定められている。例えば，サービスが提供される空間ではお互いのインタラクションが重要となり，スポーツ観戦やコンサートでは，参加者は観戦・鑑賞するだけでなく，応援してその場を盛り上げるという役割を担う。また同じ空間を共有するメンバーと共に参加し，一体となって役割を担うことから価値を見出す。同様に，レストランではマナーや服装が求められることがある。ある一定のルールの下で，参加者は空間を共有することによって価値を見出す。マナーを守らないメンバーは自身が受け取る価値の低下やその他の参加者の経験する価値認識を下げることにもなり，場合によっては退出を余儀なくされることもあるだろう。リレーションシップの協働への参加には，価値向上においても，ある一定のルールやマナーへの理解と認識が必要である。

6. 本書の全体の構図と概要

　本書は全10章から構成されている。各章の位置づけについてリレーションシップ・マーケティングを理解する上での3つのステップとして枠組みを整理し，全体のコンセプトを俯瞰するとともに，今後のリレーションシップ・マーケティングの課題を記す。

　図1-1は各章を3つの枠組みに整理したものである。それぞれの3つの円枠はある一定のくくりにまとめられており，リレーションシップ・マーケティングの理解を進める上での順序として RM STEP 1，STEP2，STEP3 に分けられている。

　STEP1 では，主にリレーションシップ・マーケティング（RM）を理解する上での基本的な考え方として，リレーションシップ・マーケティングの基本的な用語，考え方，範囲，目的を押さえるとともに，リレーションシップ・マーケティングの歴史から理解を深める。また，顧客満足や顧客リレーションシップといったリレーションシップ・マーケティングの基本的な要素から理解する。

　STEP2 では，主にサービス志向としてのリレーションシップ・マーケティングの考え方を中心にしたリレーションシップ・マーケティングを理解する。この STEP では，リレーションシップ・マーケティングの本質の一部を構成するサービスの概念とその特殊生からの理解，サービス・ドミナントロジックの考え方からの理解，経験価値マーケティングからの理解を進める。

　STEP3 では，リレーションシップ・マーケティングの発展によって，より現代的な環境に対応し，拡張されたマーケティングを理解する。それらは，インターネット環境の進化，営業活動内容と役割における変化，BtoB 企業におけるリレーションシップ構築活動の役割とその対象の拡大，ライフスタイル創造におけるリレーションシップ活用，などさまざまな範囲を含んで広がりを見せている。

　それぞれ3つのステップ全体を見渡すとリレーションシップ・マーケティ

ングの拡がりと進化を見ることができる。一方，今後のリレーションシップ・マーケティングの発展を考える上で参考にすることができるのが図のエッジ（端）部分である。図中で各 STEP が重なる部分は，リレーションシップ・マーケティング分野の交差する範囲であり，ここから新しいリレーションシップ・マーケティングの方向性を探ることもできるだろう。例えば，経験価値マーケティングとインターネット環境，サービス・ドミナントロジックと営業を組み合わせたリレーションシップ・マーケティングなどもその1つである。

図1-1　本書の構図

第1章以降についての本書の概要を記す。

第2章では，まずリレーションシップ・マーケティングの歴史を学ぶことによって，リレーションシップ・マーケティングがどのように誕生したのか，どのような特殊性をもつようになっていったのかを理解していきたい。IMP グループや北欧学派によって始まったリレーションシップ・マーケティングは主に産業財 (BtoB) やサービス・マーケティングといった特殊生をもつ分野のマーケティングを起源としており，これらが有する企業が特定の顧客との関係を構

築し，価値共創に対してインタラクティブに両者が関わるという方向性へと発展する歴史を認識する。

　第3章では，リレーションシップの基礎として，顧客満足，顧客ロイヤルティについて理解を進め，より具体的な戦略としてのロイヤルティ・プログラムについて理解する。その中でも，顧客ロイヤルティには，購買行動から見る行動的アプローチと関係内の絆や信頼・コミットメントの深さで見る態度的アプローチについて理解する。

　第4章では, サービス環境におけるリレーションシップ・マーケティングを取り扱う。近年サービスの高まりとともに, サービス・マーケティングの重要性も高まってきている。サービスの特殊生はリレーションシップ・マーケティングのルーツを形成している。本章ではサービス・マーケティングを構成するインターナル・マーケティング，エクスターナル・マーケティング，インタラクティブ・マーケティングの3点からリレーションシップ・マーケティングを理解していく。

　第5章ではS-Dロジックによって，価値共創としてのリレーションシップの重要性について理解する。異なるレンズから覗いた世界は違った見え方をする。サービスド・ミナントロジック（S-Dロジック）というレンズから覗くと，企業は製品をつくり，顧客に販売するのではなく，企業の開発した知識とそのソリューションを届け，顧客の知識と合わせることによって，価値を共創するという見方で見ることができる。またそこでは, グッズ（有形財）かサービス（無形財）かという二分法ではなく，サービスを通じて，これらを届ける手段としてグッズ，組織，貨幣を見る。

　第6章では経験価値によるリレーションシップを理解する。前章と同様に，有形財の提供ではなく，顧客とのインタラクションに関する感動や感情的反応を創造することにより，顧客の記憶に残る出来事として経験価値からアプローチする考え方がある。そこではサービスとグッズを組み合わせることによって演劇を演出家のごとく顧客の感動へつながる経験をデザインする。経験価値の究極的な目的は顧客とのより深い関係性を構築し，自らの目標の実現（自己変

革)を共につくりあげることであり，そこではより発展した関係性が必要となる。

　第7章では，インターネット環境におけるリレーションシップを理解する。インターネット環境の進化とともに，企業サイト，ブランドコミュニティ，SNSを通じたリレーションシップ構築とインタラクションが活発化し，ウェブ上での顧客同士の対話やリアルの体験のシェアができる機会が生まれた。本章では，企業の取引関係を閉ざされた関係内のリレーションシップから，より広くオープンな関係への拡がりを理解する。

　第8章では，営業活動におけるリレーションシップ構築について認識することにより，戦術的なリレーションシップ・マーケティングについても理解を進める。リレーションシップ・マーケティングをより成功させるために，従業員が顧客と接するときに行われる仕事が重要となる。わが国では特に営業担当者の役割は広く，企業の代表者として顧客との関係性をつくり，維持するために担う役割は重要である。また，営業担当者が企業にコミットメントを持ち，企業について理解し，それらを反映して行動できるよう，動機付けることも重要となる。

　第9章ではBtoBにおけるリレーションシップについて取り扱い，そこにおけるリレーションシップや相互作用の重要性を理解する。BtoBはリレーションシップ・マーケティングのルーツの1つでもあり，現在でもマーケティングにおける特質が注目される。本章ではBtoBの特質からリレーションシップに着目し，その拡張としてステークホルダーや社会とのリレーションシップの拡張を見ていく。

　第10章では，価値共創型のリレーションシップとして，さらに広い概念であるライフスタイル概念を用いて説明する。顧客が新しいライフスタイルを創造するために企業がリレーションシップを通じたインタラクションによって価値共創ができるようなきっかけと場を形成する。即ち，現代のビジネスはモノの販売のみではなく，販売の一歩手前モノを通じたライフスタイルとしてコトを売る発想について理解したい。

第2章以降からは，より具体的にリレーションシップ・マーケティングの理解へと進んでいく。

注
1) Levitt, T., *The Marketing Imagination*, Free Press, New York, 1983, p.111.
2) Gummesson, *Total Relationship Marketing*, 2nd edition, 2002.（若林靖永・太田真治・崔容熏・藤岡章子訳『リレーションシップ・マーケティング』中央経済社，2007年，参照）。
3) *ibid,* p.587.
4) Grönroos, C.,"The Relationship Marketing Process: Communication, Interaction, Dialogue, Value," *Journal of Business & Industrial Marketing,* 19 (2), 2004, p.101.
5) Morgan, R.M. and Hunt, S.D.（1994）"The commitment-trust theory of relationship marketing," *Journal of Marketing,* Vol. 58,1994, p.22.
6) Pine, Joseph B. and James B. Gilmore, *The Experience Economy*, Boston: Harvard Business School Press,1999. (B.J. パイン，J. H. ギルモア著，岡本慶一・小高尚子訳『新訳 経験経済』ダイヤモンド社，2005年）。
7) Schmitt, Bernd.H., *Experiential Marketing*, New York, Free Press,1999.（バーンド.H. シュミット著，嶋村和恵・広瀬盛一訳『経験価値マーケティング』ダイヤモンド社，2000年）。
8) Vargo, S.L. and Lusch, R.F.,"Evolving to a New Dominant Logic for Marketing," *Journal of Marketing,* 68(January), 2004, pp.1-17.
9) 久保田進彦『リレーションシップ・マーケティング』有斐閣，2012年，20頁。
10) Morgan, R.M. and Hunt, S.D., " The commitment-trust theory of relationship marketing," *Journal of Marketing,* Vol. 58,1994, pp.20-38.
11) 和田充夫『関係性マーケティングの構図』有斐閣，1998年。
12) 例えば，パートナーから感じられる思いやりや共感，方向性の一致の認知などの要因によってもパートナーの信頼性は高まる。また，パートナーとの心理的・物理的距離感や，相手に対する魅力の認識によっても感情的な信頼が生まれる。
13) 久保田，前掲書，23頁。

第2章　リレーションシップ・マーケティングの起源と歴史

1. マーケティング

　従来のマーケティングはモノとしての商品を大量生産し，大量販売する大資本の製造企業が行う活動である。このようなマーケティングの問題点を本節では浮き彫りにする。ここで勘違いしてはならないこととして，大量生産大量販売それ自体をマーケティングとは言わない。大量生産された商品が消費者に購買されず，大量の余剰商品が生じた。大手製造企業は利潤を極大化するため，競合他社の市場を奪い自社市場を拡大することによって，余剰商品を市場に押し込む。かつてはこの一連の諸活動がマーケティングと呼ばれ，過度の販売促進活動がなされた。

　大量生産そのものは大手製造企業だけでなく，消費者も望む生産システムであり，経済的にも社会的にも有用である。大量生産システムは標準作業と合理的賃金の設定によるテイラーの科学的管理法を基礎に置いたベルトコンベアの導入によるフォード生産システムによって力強く推進され，急速に広まる[1]。このシステムは均質な商品を生産するだけでなく，原材料の大量仕入れによる規模の経済によってコスト削減を可能にする。このシステムは時代の移り変わりに関係なく，普遍的な有用性をもつ。例えば，消費者に受け入れられたユニクロやニトリなどの製造小売業にみられる商品も大量生産システムによる産物である。確かに，この生産システムは多様な商品を市場に導入するものではないので，消費者志向，顧客起点のマーケティングとは言えない側面もある。そうではあるが，消費者の誰もがもつ，低価格であっても高品質な商品を買い求めたいという基本的な欲求を充足する根幹的システムである。

マーケティングは消費者の意識に直接働きかけ，特に，ブランドを良いイメージに強く印象付けることで購買意欲を掻き立てようとする。それだけでなく，生産技術の発達によって，多様な商品を頻繁に市場に導入できるようになった。それは多様な消費者ニーズに適合した商品の，消費者志向のマーケティングが推進されることになるが，その裏側にある企業の思惑を理解しなくてはならない。

例えば，消費者ニーズに適合した市場細分化戦略によって，ある商品を消費者に販売したとする。従来の生産量が100だとして，この商品の生産量が20だったとする。消費者はニーズに適合した商品を入手したことによる満足度が高まったとしても，製造企業がそのような生産量で満足するはずがない。少なくとも100まで生産量を増やす必要がある。そのためには新商品を5回は市場に導入しなくてはならない。複数の商品を生産するということは生産設備の稼働率を低下させ，過分な費用を発生させる。さらに企業の基本的姿勢である利益の拡大を図るため，総生産量は100以上に到達することが求められる。販売量を増やすため，新しい消費者を探すだけでなく，同じ消費者に何度も商品を購入させようとする。そのために市場細分化戦略はそれ単独では機能せず，商品そのものを意図的に陳腐化させたり，消費者の意識にそのような感覚を生じさせることによって購買意欲をかき立てる[2]。

商品が市場に豊富に存在することが豊かさの指標であるならば，今日，物質的に恵まれた豊かな社会であると同時に，浪費の社会であるとも理解される。このようなマーケティングによって作り出された豊かさは生産活動が本来目的とすべき精神的な充足を人々に与えはしない。欲望が更なる欲望を生み出すからである[3]。豊かさとは何かを考え，マーケティングを冷静に評価・判断する能力が求められている。

2. リレーションシップ・マーケティングの登場

南智恵子によれば，リレーションシップ・マーケティングはさまざまな意味で捉えられ，時代背景や目的によって多用されている[4]。リレーションシップ,

和訳すれば，関係性は多様な場面が想定される。企業間，企業と消費者，消費者相互，企業内部の管理者と従業員または従業員間などである。従来のマーケティングであれば，その具体的な場面に適合した個別的マーケティングが設定される。例えば，サービス・マーケティング，小売マーケティング，卸売マーケティング，非営利組織のマーケティングなどである。それに対して，リレーションシップ・マーケティングでは多様な場面に対する個別的名称を持たないため，これを理解する際には注意が必要となる。

この最初の研究成果として，アーント（Arndt）は企業が欧州，北欧，日本などにみられる継続的な取引関係を重視する傾向にあることを明らかにした[5]。日本での企業間取引ではさまざまな関係性を重視し，低価格での商品の購入が可能な他の会社がみつかったとしても，それだけでは簡単に継続した取引関係を解消しない。前節で示したアメリカ型のマーケティングにみられる消費者との継続的な関係性はあくまでも企業の利益確保の視点からのものであり，企業間取引にみられるコスト中心主義的な取引関係の姿勢とは大きく異なる立場として，リレーションシップ・マーケティングが登場する。

藤岡章子によれば，アメリカにみられるマーケティングと北欧のマーケティングとの違いは市場規模と産業特性にある。リレーションシップ・マーケティングの研究は北欧という括りではあるが，特にスウェーデンの企業研究と市場状況を基礎としていることから，アメリカとスウェーデンを比較する。第1に，国内市場規模がアメリカに対してスウェーデンは4％にも満たない。アメリカでは膨大な市場をどのように効率的に獲得するのかを検討するが，スウェーデンでは市場が小さいため，アメリカ型のマーケティングの有用性は低くなる。第2に，市場は寡占化し，少数の企業間では競争よりも長期的な取引関係を保つ傾向がある。第3に，商業メディア・ネットワークが制度的に規制されていたため，一般大衆消費者へのマーケティング・アプローチの根本的な要素が欠如していた。産業特性について，スウェーデンの経済発展は産業用の需要によって支えられていた。また，消費財産業は国際競争力が弱く，未発達な状態であったため，アメリカ型のマーケティングを取り入れる土壌が成立してい

なかった[6]。

スウェーデンの社会保障制度の充実による消費者意識も相違を生じる要因になったと考えられる。山崎加津子によれば，社会保障制度が充実していることに対して，国民は国家に対する安心感が強い。企業に対する国家的支援は弱く，同一内容の業務に対する一律の賃金支払いを求める連帯賃金政策が原則としてあるため，存続する企業の経営体質は良く，高福祉・高負担の代表的国家であるにも係わらず，経済成長を遂げているとされた[7]。国内市場が小さいため，国際競争力のある企業だけが残る寡占的市場において，市場に出回る商品は決して豊富ではないが，福祉国家の構成員としての社会的な認識水準が高いのであろう。アメリカ型の消費者行動にならない基盤があったと言えるのではないか。

藤岡によれば，リレーションシップ・マーケティングの出発点となる産業財取引に関する研究成果はIMP（Industrial Marketing and Purchasing）グループが代表的である。このグループは1976年にスタートし，2つの時期から構成されるプロジェクトであった。第1期について，ホカンソン（Häkansson）らは相互作用アプローチからフランス，ドイツ，イタリア，スウェーデン，イギリス各国の研究者の連携により，1982年にその成果を発表した[8]。従来のマーケティングはマーケティング・ミックスの効率的資源配分を基礎とした市場細分化戦略と競争手段としての性格が強かった。それに対して，産業財に係わるマーケティングは商品の複雑性や生産プロセスに係わる問題から取引の安定と供給業者の固定を企業が志向する。また消費財市場と比較して，産業財市場は寡占的，静態的なものになり，継続的な取引関係が主要課題となる。このような産業財に係わる事実があるにもかかわらず，従来の産業財マーケティングは従来の消費財マーケティングと同様な単発的交換を前提とする短期志向型のアプローチがなされてきた。長期志向的な取引での相互作用の関係を明らかにするアプローチが必要である。分析する際の重要な点として，売り手企業だけでなく買い手企業の積極的関与の実態，両者の関係の深さ，相互依存的な制度化された関係，周期的継続的供給，相互の評価などがある。相互作用プロセスという視点から4つのタイプに分類し，それぞれについてのマーケティング戦

略と購買戦略を提示した[9]。

第2期ではアメリカ，オーストラリア，日本の研究者も加わり，1986年からスタートした。取引関係に限定せず，社会的関係にも分析対象を拡大し，関係ネットワークのダイナミズムの解明を中心的課題とした。ネットワーク・モデルと市場ネットワーク・アプローチが提唱された。それはネット組織や個人の行為者，活動，資源の3つの要素で構成され，それらは相互依存関係にある。市場を需要の集合または標的対象として捉える従来の姿勢とは異なり，企業は市場を構成する一要素として位置付けられ，関係性をもった各要素のネットワーク構造としてアプローチがなされる。現在，IMPグループという名称は過去にあった北欧学派というような特定の研究者，地域，文化を指し示すものではなくなった[10]。

最後に，従来の理論と実践との乖離に注目した朴修賢はリレーションシップ・マーケティングの登場の背景を4点から説明している。ここでは次節におけるサービス・マーケティングとの係わりも若干言及する。①既存マーケティング概念の限界，②サービス品質の重要度の高まり，③情報技術の進展，④グローバル経営の拡大である。①については，交換パラダイムの限界，4P'sの枠組みの限界，分析方法論の限界の3点で構成されている。

①既存マーケティング概念の限界の1つである交換パラダイムの限界について，従来のマーケティングにおける中核概念は交換であるが，その根底には単発的取引がある。しかし，現実社会において，企業はステイクホルダーとの長期的関係を構築する傾向が強い。このような理論と実践との乖離を埋める概念として，実践的内実を踏まえれば，交換から関係への移行が妥当である。4P'sの枠組みの限界について，マッカーシー（McCarthy）による4P's[11]は今日でもマーケティングの基本である。その後マーケティングの研究が進展し，その詳細な領域や欠けていた重要な活動を追加する必要がある。特に，外部環境要因との関係性に着目するコトラー（Kotler）は政治的パワー（political power）と世論（public opinion formation）[12]を，ジャド（Judd）は外部との媒介変数であるマーケティング・スタッフ（people）の追加を求めた[13]。サービス・マー

ケティングの視点から，クリストファー（Christopher）らは4P'sモデルでは単純過ぎるという批判から，複数の要素を追加した[14]。このような要素を追加する立場とは異なる見解として，ロウターボーン（Lautenborn）は売り手ではなく買い手の視点から4P'sに代わる顧客にとっての価値（customer value），顧客の負担（cost to the customer），入手の容易性（convenience），コミュニケーション（comunication）からなる4C'sを提唱した[15]。これらの主張は企業ではなく，顧客本位の視点へとマーケティングを移動させるものであり，顧客との相互作用を重視する実践体系としてリレーションシップ・マーケティングが位置付けられる。分析方法論の限界について，上記2つの限界を受け，顧客満足を目的と標榜するマーケティングの現実はそれとは相反する内実となっているため，その乖離を埋める手段が必要であった。

②サービス品質の重要度の高まりについて，経済発展に伴い，商品の細分化や家庭内労働の商品化などにより，サービス産業の占める割合が高まり，サービスへの関心が高まった。また，マーケティングによる市場の獲得競争は市場細分化戦略を過剰なまでに加速させた。差別化を目的とするその戦略は市場を細分化しただけでなく，それは同時に市場に出回る多様な商品を結果として同質化し，商品間の差異は消費者にとって意識されることなくコモディティを生産するという矛盾を生じさせた。この矛盾を解決する手段として商品概念の拡張がなされた。保証，アフターサービス，無料配送などの付加的なサービスを付加することによって，差別化を図ろうとしている。

このようなサービス品質の重要度の高まりとリレーションシップ・マーケティングとの関係について，モノにみられた市場の成熟化がサービスにも現象した。サービス企業は新規顧客の獲得よりも既存顧客の離脱防止と維持に注力する方が効果的であるとの認識が広がり，顧客との長期的・継続的なリレーションシップまたはパートナーシップの重要性を意識するようになった。効率を追求するマーケティングから効果へ，市場シェアの拡大から顧客生涯価値への移行がなされた。このような移行への背景として，サービスの特徴があげられる。無形性であるサービスは生産と消費が不可分な関係にあり，同時に行われる。

生産過程に消費者も加わることが多い。そのため，生産は生産者と消費者の共同の過程となり，関係性の善し悪しがサービスの品質に直接影響する。

③情報技術の進展により，顧客との関係性の構築手段が急速に増加しているため，これについての研究が進められるようになった。④グローバル経営の拡大により，組織が肥大化する傾向にあった。それによる負担が現在大きくのしかかり，その軽量化を図るための手段として，組織間の相互依存性，協働，リレーションシップ，パートナーシップなどが重要視されるようになった[16]。

3. サービス・マーケティングへの貢献

南によれば，北欧の研究者の中からフィンランドのグメソン（Gummesson）やグルンルース（Grönroos）などと IMP（Industrial Marketing and Purchasing）グループに所属していたイギリスの研究者たちがサービス・マーケティングの領域にリレーションシップ・マーケティングを取り入れた。1983年，ベリー（Berry）がリレーションシップ・マーケティングという用語を初めて用いた。リレーションシップ・マーケティングは消費者を惹きつけ，顧客としての関係を構築し，それを維持するための手法として紹介された[17]。ベリーの研究成果は北欧やイギリスのサービス・マーケティング研究に大きな影響を与えた。しかし，グルンルースによると，北欧学派として広く認知されるようになったものの，1980年代終わり頃までリレーションシップ・マーケティングという用語を用いることはなかった[18]。

従業員の接客活動が中心となるサービスを提供する企業は大手製造企業のようにマスメディアを活用した一般大衆消費者に向けての力強い広告宣伝活動が困難である。モノとしての商品と比較して実質的な差別化は可能であってもそれを表現する方法がないからである。「最高のおもてなし」と表現されていても，競合他社も同じような広告をすれば表面上の区別ができない。また，マスメディアをとおしての広告は大量生産された商品を前提とするものであり，サービスはモノとは性質が大きく異なるからである。標準化・均質化されたモノにみら

れる大量生産活動ではなく，顧客一人一人に合わせた柔軟な対応が求められるからである。広告宣伝活動に主として依存できないサービス・マーケティングは口コミや評判（レピューテーション）の利用によって顧客の拡大を図らなくてはならない。その基礎として，顧客を確実に確保・維持するために長期的な取引関係を構築しなくてはならない。この点でも従来のマーケティングのような単発的な，または，継続的ではあっても結果としては強引な販売促進活動による取引ではサービス・マーケティングの基盤を形成できない。

　藤岡によれば，リレーションシップ・マーケティング研究からサービス・マーケティング研究の精緻化に対する最も大きな貢献は北欧学派によるものである。北欧出身のグルンルースやグメソンが中核となり，ノーマン（Normann）や実務家であるスカンジナビア航空のカールソン（Carlzon）によってグループが形成された。北欧学派という独自の名称は1983年サービス・マーケティング学会において初めて使用された。これは北欧のサービス・マーケティングまたはサービス・マネジメント研究者だけでなく，サービスに係わる実務家によって構成されていた。豊富なケースが実証研究され，独自的体系としての理論構築がなされ，1985年に"Service Marketing: Nordic Perspectives"（サービス・マーケティング−北欧アプローチ−）が出版された。

　研究アプローチの特徴は「第1に既存のマーケティングの枠組みにとらわれない理論構築，第2に実務家による現実的問題の解決を目的としたコンセプトの積極的な提唱，第3に実証研究を重視した研究スタイル，第4に研究会や共同研究などを通じての研究者と実務家の積極的交流があげられる」[19]。

　理論的な特徴は企業と顧客との関係に注目し，先述したように，生産過程に顧客も加わるというサービスの特性から，顧客との関係性の管理がサービスの品質を大きく左右する点である。この関係のモデルとして，顧客関係ライフサイクルがある。初期ステージ（initial stage），購買プロセス（purchasing process），消費プロセス（consumption process）に分けられ，購買プロセスと消費プロセスの段階において，企業と顧客との実質的な取引関係となる従業員と顧客との関係の管理活動であるインタラクティブ・マーケティング機能が着

目された。サービス・マーケティングに重点は置きつつも，実践での商品のありようを反映して，モノとサービスを区別することなく，典型的なサービス業だけでなく小売業や産業財製造企業も分析された。これは米国型サービス・マーケティングとの大きな相違点である。北欧学派の関心は産業財マーケティングとサービス・マーケティングとの交錯する部分であった。グメソンは従来のマーケティングの対象と財の性質とのマトリクスを基礎に，企業に対するサービス・マーケティングに関する研究の欠如に注目し，企業向けの会計士，弁護士，コンサルタントサービスを分析した。グルンルースは一般的には消費財の付随的サービスとして認識されていた配送，設置，メンテナンス，修理などは産業財の取引にもみられることを明らかにした。これらの企業向けのサービスに IMP グループの研究成果を積極的に取り込んだ[20]。

4．リレーションシップ・マーケティングの発展

　久保田進彦によれば，今日，リレーションシップ・マーケティングは理論的研究だけでなく，実践におけるその領域の拡大がみられる。リレーションシップ・マーケティングは分析対象と分析方法についての拡大がある。前者は関係の構成主体の確定であり，後者は対象をどのようなものとして捉え分析するのかということである。両者の拡大する様相について，前者は把握しやすいが，後者はわかりにくい。両者は共に細分化され，前者は種類と範囲について，後者は分析アプローチと関係の種類について拡大している。

　分析対象の種類の拡大について，従来は B to B や B to C に関係なく，売り手と買い手の関係が対象であったが，買い手同士の関係に着目されるようになった。例えば，ブランド・コミュニティやネット・コミュニティにおける口コミや援助などである。また，ブランド・リレーションシップという概念の登場に伴い，ブランドと消費者との関係も対象となっている。

　分析対象の範囲の拡大について，従来は二者間関係を前提として，パートナー関係としての「対」の関係を対象とした。最近は三者以上になり，「対」から「群」

の関係を対象にするようになった。例えば，消費者ネットワーク，口コミ・ネットワーク，ブランド・コミュニティ，ネット・コミュニティなどである。

分析アプローチの拡大の1つとして，相互作用アプローチとは当事者間のやりとりやその結果・成果，それに影響を及ぼす要因などについての分析であり，当事者間の相互作用に注目する。これには2つの特徴があり，当事者間同士は何かを介して結びついていると仮定される（結合性の仮定）。また，それぞれは異なる属性を有し，その差異に注目する（属性への着目）。このアプローチは伝統的，主流であるが，これでは収まりきれない対象が登場した。

構造的アプローチとは相互作用アプローチでは対応できない企業間ネットワーク，消費者間ネットワーク，コミュニティ，インターネット上のサイトなど，当事者間に形成された結合の構造に着目するアプローチである。例えば，あるグループにA，Bという人物がいたとして，AはBよりも多くのメンバーとの関係はあるものの，Bが存在しなければそのグループが成立しないまたは崩壊するという構造をそれは明らかにする。

カテゴリー型アプローチとはコミュニティのメンバーは知り合いでないこともあるということを受け入れたアプローチである。例えば，阪神タイガース・ファンは強い連帯意識があり，球場だけでなく，街中でもそれがみられる。ところが，彼らは互いに見ず知らずの関係であることも多い。このような集団を分析する際には当事者間の結合を仮定しない集団，間接的な結合しかない相手との関係を想定しなくてはならない。そこでは社会心理学における自己カテゴリー化理論や社会的アイデンティティ理論が適用される。例えば，海外旅行先で偶然知り合った人が同郷であると分かると親近感が沸くというケースの分析があげられる。このアプローチでは当事者の所属意識が重要であるため属性に注目するが，結合性の仮定は必要とされない。

関係の種類の拡大について，関係の根底に財の交換が一般的にあった。また，交換には経済的な交換や社会的な交換も想定されることもあるが，当事者間の返報・返礼を期待する関係が前提にあった。しかし，そのような期待をもたない結びつきも存在する。ブランド・コミュニティ，ネット・コミュニティ，ブ

ランド・リレーションシップを分析すると,深い愛着や傾倒に基づく奉仕的・献身的行動がみられた。このような行動の発生論理は関係という概念を交換ではなく,同一化を用いて,相手のことを「自己の延長」や「もう一人の自分」のような存在として感じていると仮定することによって,一見利他的にみえる奉仕的・献身的な行為が幸せを感じる行為と置き換えられる。

　このようにリレーションシップ・マーケティングは発展している。まだ未成熟な段階のものもあるが,実践への適用・応用可能性のある貴重な材料となる[21]。

注
1) テイラーの科学的管理法やフォード生産システムについては以下の文献を参照。松井温文「企業の生産・研究開発戦略」髙木直人編『経営学入門』五絃舎,2014年,125-128頁。
2) 橋本勲『現代マーケティング論』新評社,1973年,210-211頁。
3) Galbraith, J. K., *The Affluent Society*, Boston: Houghton Mifflin, 1985.（鈴木哲太郎訳『ゆたかな社会』岩波書店,1960年),141頁。
4) 南智惠子『リレーションシップ・マーケティング−企業間における関係管理と資源移転−』千倉書房,2005年,7頁。
5) Arndt, J., "Toward a Concept of Domesticated Markets," *Journal of Marketing*, Vol.43, Fall, 1979.
6) 藤岡章子「北欧におけるリレーションシップ・マーケティング研究の展開とその背景」京都大学マーケティング研究会『マス・マーケティングの発展・革新』同文舘,2001年。
7) 山崎加津子「スウェーデンの社会保障制度に学ぶ−社会保障制度の持続性こそ成長戦略の基盤−」『大和総研調査季報』Vol.5 新春号,2012年。
8) Häkansson, H., et al., *International Marketing and Purchasing of Industrial Goods*, John Wiley & Sons, 1982.
9) 藤岡章子,前掲書,144-145頁。
10) 同上書,145-146頁。
11) McCarthy, E. J., *Basic Marketing*, R. D. Irwin, 1960.
12) Kotler, P., *Marketing Management: Analysis, Planning and Control*, Prentice-Hall, 1984.
13) Judd, V. C., "Differentiate with the 5th P: People," *Industrial Marketing Management*, November 1987.
14) Christopher, M., A. Payne, and D. Ballantyne, *Relationship Marketing: Creating Stakeholder Value*, Oxford: Butterworth-Heinemann, 2002.

15) Lautenborn, R., "New Marketing Litany:4P's Passé; C-Words Take Over," *Advertising Age,* October 1 1990.
16 朴修賢「リレーションシップ・マーケティングの進展−顧客視点を中心として−」『大阪成蹊大学現代経営情報学部研究紀要』第3巻 第1号, 2006年。
17) Berry, L. L., "Relationship Marketing," in Berry, L. L., G. L. Shostack, and G. D. Upah, *Emerging Perspective on Services Marketing,* American Marketing Association, Chicago, 1983.
18) 南智惠子, 前掲書, 9頁。
19) 藤岡章子, 前掲書, 142頁。
20) 同上書, 143-144頁。
21) 久保田進彦「リレーションシップ/コミュニティ研究の発展−広告コミュニケーション戦略への示唆−」『日経広告研究所報』第235号, 2007年。

第3章　顧客満足と顧客ロイヤルティ戦略

1. 期待の不一致と顧客満足の関係

　顧客満足の概念を説明する前に，1つのことをまず考えてみよう。あなたが友達と一緒に同じホテルの同じ部屋に一晩泊まったとする。翌日チェックアウトした時に，あなたはこのホテルのサービス全体に対して不満であったが，友達は同じホテルのサービス全体に対して満足している。同じホテルの同じ部屋なのに，あなたと友達のホテルのサービス全体に対する評価はかなり違う。なぜこのような結果になったのだろうか。それは，あなたと友達とのホテルのサービスに対する事前の期待が異なっていたからである。ホテルに泊まる前に，あなたはこのホテルのサービスを高く期待していたが（例えば，高級ホテルのようなものを想像していた），友達はこのホテルのサービスをそれほど期待していなかった。その結果，実際にこのホテルのサービスを受けて感じたサービス品質があなたの期待を下回ったので不満が生じた。その一方で友達のほうは，感じたサービス品質が事前の期待を上回ったので満足した。あなたの生活の中にも，このような経験があるのではないだろうか。

　実は多くのマーケティングを学ぶ者の中にも，製品・サービスの品質こそが，顧客満足を引き出す唯一の要因と思っている者も少なからずいる。言い換えれば，品質が良ければ，顧客が必ず喜んでくれると考えるものである。しかし製品・サービスの品質の良さは，当然顧客満足と関係しているものの，顧客満足の唯一の決定要因ではない。「顧客満足」とは，サービスの購入あるいはさまざまな消費財を使用した後の感じ方や判断と定義することができる[1]。ここで強調しておきたいのは「製品・サービスを使用した後の感じ方，判断」である。

製品・サービスを使用する前に，製品・サービスの品質に対する予測はすでに形成されていて，顧客は自らの予測を実際に使用した時に感じた品質と比較して，もし期待以上であれば満足となるが，もし期待以下であれば不満足となる。ここで言う「期待」はマーケティング分野では「事前の期待」と呼ばれ，予想以上であった場合と予想以下の場合は「期待との不一致」と呼ばれる。製品・サービスが事前期待を下回れば「負の不一致」，事前期待を上回れば「正の不一致」，期待通りであれば「一致」となる[2]。

さらに，製品・サービスの品質が，顧客の事前期待をはるかに超えていれば，喜び，楽しみ，驚き，幸せなどの一連の感情からもたらされた顧客の感動が生まれる。先のホテルの例では，チェックアウトした時に，意外な素敵な記念品をもらったり，駅までホテルの専用車で送ってもらえたりしたら，顧客は感動するであろう。この顧客の感動は顧客満足に比べて，リピート購買や，ポジティブな口コミ，他の顧客への推奨意図（或いは推奨行動）などの製品・サービスに対するロイヤルティの形成に，より強い影響を与えることが明らかにされている[3]。

2. 顧客ロイヤルティの定義

先ほどのホテルの例を再び考えてみよう。あなたはこのホテルのサービスに不満をもっているため，おそらく同じホテルを二度と利用しないかもしれない。その一方で，友達はこのホテルのサービスに満足しているため，機会があればまた利用するかもしれない。このように，同じ製品，あるいはサービスを繰り返し使用することは，ロイヤルティと言われる。今までのロイヤルティ研究の流れの中では，ロイヤルティは「行動的アプローチ」，「態度的アプローチ」，および「行動的・態度的アプローチ」として捉えられてきた。

ロイヤルティ研究の初期段階においては，同じ製品・サービスを繰り返し購買・使用する「リピート購買行動」，同じ製品・サービスの購買・使用量が購買する全製品・サービスの購買・使用量に占める割合である「購買シェア」な

どによって，ロイヤルティを測定した。この行動的アプローチに基づいて，多くの研究者とマーケターは同じ製品，あるいはサービスを繰り返し使用する顧客がロイヤルティをもっている顧客であると考えてきた。これらの考え方から見れば，同じ製品，あるいはサービスを購買・使用する回数や確率が多ければ多いほど，顧客のロイヤルティは高いことを意味している。例えば，同じホテルを何回も利用する顧客は，このホテルに対してロイヤルティをもっている顧客と考えられる。

その他にも，行動的なアプローチのほか，ロイヤルティの態度的アプローチも多くの研究者とマーケターにより使われている。「態度」はある程度の好感，あるいは嫌悪感を伴い，特定の存在物を評価することによって表れた心理的な傾向であると定義されている[4]。そのため，態度的ロイヤルティは，顧客のある企業に対する長期的なコミットメントを表し，単にリピート購買の回数のような計測できるロイヤルティによって理解するものでない[5]。例えば，同じホテルを頻繁に利用はしないけれど，このホテルに対して好感をもっている顧客は，態度的ロイヤルティがある顧客と考える。

しかし，顧客ロイヤルティを単に行動的アプローチ，あるいは態度的アプローチだけで定義することは不十分であると，多くの研究者とマーケターは指摘している。ディックとバス（1994）は相対的な「態度と愛顧行動」により，顧客ロイヤルティを「真のロイヤルティ」，「潜在的ロイヤルティ」，「偽のロイヤルティ」，「ノー・ロイヤルティ」の4つのグループに分けた。彼らによれば，製品・サービスに対する相対的な態度が低くて愛顧行動も低い場合は，「ノー・ロイヤルティ」と呼び，製品・サービスに対する相対的な態度が高くて愛顧の行動が低い場合は，「潜在的ロイヤルティ」，製品・サービスに対する相対的態度が低くて愛顧行動が高い場合は，「偽のロイヤルティ」と呼び，製品・サービスに対する相対的態度が高くて愛顧行動も高い場合は，「真のロイヤルティ」と呼ぶ。

ディックとバス（1994）は，この4つのグループのうち，「偽のロイヤルティ」が企業にとって最も危険性があり，偽のロイヤルティをもつ顧客は維持しにくい

と指摘し，偽のロイヤルティを避けるために，企業のロイヤルティ・プログラムを見直す必要があると提案した。また，企業の製品・サービスに対して，好感が高いのに購買行動が低い「潜在的ロイヤルティ」は，企業にとって最も厄介で，潜在的ロイヤルティを真のロイヤルティに転換するため，プロモーションや報奨制度などのような方法をいろいろと工夫する必要があると強調している。

顧客のロイヤルティは複雑な心理的プロセスであるため，ロイヤルティについて行動的・態度的アプローチをすることが一般的である。言い換えれば，企業に対する顧客ロイヤルティとは，実際にその企業の商品やサービスを利用するだけではなく，その企業に好感を抱き，将来的にも取引を続けたいという意志をもつようになることである[6]。したがって，単に「購買回数」あるいは「好感」だけで，顧客ロイヤルティを定義することはできない。

3. 顧客ロイヤルティの重要性

近年，生産財だけではなく，消費財における顧客との安定的で，長期的なリレーションシップを構築することがますます注目されてきている。石井・栗木ら（2013）によれば，顧客との長期継続的な関係が注目され始めた背景として主に3つの点が挙げられる[7]。まず，市場の成熟化である。市場の成長期においては，新規顧客を獲得することはそれほど難しくないが，市場が成熟期に入ると，同じ産業内で競合する他社が増えるため，新規顧客を開拓することは困難になって来る。次に，アフターマーケットの拡大である。製品が高度化・複雑化するとともに，アフターマーケットが広がり，製品を販売する時点だけでなく，販売した後も製品に関するケアなどが必要となるため，売り手と買い手の関係は長く続く。第三に，情報技術の発展である。情報技術の発展によりもたらされた顧客データベースの構築は，顧客の好みなどを分析することによって，顧客とより良好な関係を築き上げることを可能にした。

新規顧客を獲得する費用は，既存顧客を維持する費用の何倍もかかるとよく言われている。例えばホテルを例にとると，新規顧客に宿泊してもらうために

は，インターネット，チラシ，テレビCM，旅行会社との連携など，さまざまな手段を通じて，自社のサービスを広告宣伝しなければならない。その費用は相当な金額になるにもかかわらず，それらによって，必ずしも十分に新規顧客を獲得できるとは限らない。一方で，すでにそのホテルのサービスを利用した顧客（既存顧客）に対しては，彼らの顧客情報に基づき，顧客が関心をもっている事柄について，例えば定期的にメールで知らせたり，あるいは顧客にとって重要な記念日にカードやプレゼントを贈ったりすることなどによって，より既存顧客を満足させ，このホテルの利用を続けてもらうようにすることが可能である。

　新規顧客を獲得する難しさは，企業が顧客ロイヤルティを重視する理由の1つである。顧客ロイヤルティは企業にどのように貢献するのだろうか。多くの人が経験するような事例に基づいて，以下の諸点を見てみよう。

(1) 口コミによりもたらされる経済的メリット

　例えば，通っている美容院に対して，スタッフの親切さ，腕前の良さ，値段の合理性，店の清潔さ，立地の便利性などにとても満足しているので，この美容院を友達に紹介したり，インターネットのブログでこの美容院に関することを書いたりすることがある。それらのことを「ポジティブな口コミ」と呼び，企業にとって無形資産となる。特に，オピニオン・リーダーのロイヤルティを得ることで，企業に大きな収益をもたらすことが期待される。

(2) グレードアップによりもたらされる経済的メリット

　初めて行った美容院では，いきなり多くのサービス（例えば，カラー，トリートメントなど）を利用する人は割合少ない。馴染みがない美容院に対する金銭面と心理面の知覚リスクが高いからである。美容院のスタッフは，新規顧客に数多くのサービスをいきなり勧めることもしないだろう。しかし，この美容院に通っているうちに，満足に基づいて形成された顧客ロイヤルティが高ければ，

カット以外に，カラーやトリートメントなど，さまざまなサービスをこれらの顧客に利用してもらうことが可能になって来る。

(3) 価格プレミアムによりもたらされる経済的メリット

上述のように，新規顧客を獲得するためにかかる費用は，既存顧客を維持する費用の何倍にもなる。新規顧客を引き寄せるために，初回の料金を割引することはよく見られることである。ある美容院では，初めの3回の料金は通常料金より20％オフと設定されているが，4回目になると通常料金に戻る。もちろん3回目のサービスを利用し終わったら，同じような制度がある他の美容院にチェンジすることもある。しかし，割引を求めるために，わざわざ新しい美容院を探す顧客は少ない。顧客ロイヤルティを築いた美容院は通常料金で十分な集客ができるし，またロイヤルティがある顧客は，若干の料金変動（例えば，ピーク時間の利用料金の値上げ）に対しても，それほど過敏には行動しない。

4. ロイヤルティ・プログラム

以上，顧客ロイヤルティの重要性について説明してきたが，顧客ロイヤルティを獲得し，さらに維持することが決して容易ではないことは理解されたと思う。大多数の企業は自社の製品・サービスに対してロイヤルティをもってもらいたいためにロイヤルティ・プログラムを導入している。

ロイヤルティ・プログラムの手法を始めたのはアメリカン航空である。1970年代後半，アメリカン・エアウェイ航空はフリークェント・フライヤーズ・プログラムを導入し，同社のサービス利用の蓄積を運行マイレージ換算することで報奨を与え，次回利用を促すと言う仕組みを成功に導いた。その後，この制度は航空業界のみならず，カード業界，ホテル業界によっても追随された。南（2006）によれば，ロイヤルティ・プログラムとは，購買の蓄積に対して報償を与えると言うもので，一般にポイント制と呼ばれるように，商品やサービスの購買ごとにポイントが与えられ，次回購入時にディスカウントを受けた

り，あるいは現金の割り戻しを受けたりするという仕組みである[8]。

　ロイヤルティ・プログラムという名称は，少し馴染みの薄い言葉であるかも知れないが，実際に我々の生活の中にはかなり浸透していて，企業が顧客のロイヤルティを獲得し，維持するために，さまざまなロイヤルティ・プログラムを工夫している。

　よく見られるのはスーパーや，コンビニエンスストアや，家電量販店などの小売店舗のポイント・カードである。顧客はある程度ポイントが貯まれば，かわいい食器など景品に交換することもできるし，買い物の支払いに使うこともできる（例えば，家電量販店のポイント制度）。現在世界で導入されている航空会社のマイレージ・カードもよく知られたロイヤルティ・プログラムの1種で，航空券の購入などによってマイルを貯め，航空会社のいろいろな特典（例えば，航空券購入，提携ホテルの割引，優先搭乗など）を利用することができる。

　ロイヤルティ・プログラムの効果は，主に以下の2点が挙げられる。

　第1に，顧客離れを最小限にすることである。市場の成熟化が進むことにつれて，新規顧客を獲得することはますます難しくなり，同業の競合他社との間で顧客を奪い合うことも少なくない。競合他社に顧客を奪われるのを防止するために，ロイヤルティ・プログラムを通じて，既存顧客を維持することが可能となる。

　第2に，長期的利益を増加することである。上述のように，新規顧客を獲得するために必要な費用は，既存顧客を維持するための費用の何倍にもなる。ライクヘルドとシェフター（2002）によれば，新規顧客獲得のためのコスト回収には1年以上必要であるが，顧客と長く取引を続けられれば，既存顧客からの利益が増えていくことになる[9]。さらにロイヤルティ・プログラムの導入によって，企業と顧客の安定的で長期的なリレーションシップの構築が期待される。

5. ロイヤルティ・プログラム効果の強化

　適切なロイヤルティ・プログラムの導入により，企業は顧客の流失を最小限に減少させることができるだけでなく，ロイヤルティ・プログラムを通じて構築された顧客との長期的なリレーションシップによってもたらされた利益も期待することができる。ロイヤルティ・プログラムの効果が証明された結果，現在数多くの企業が積極的にロイヤルティ・プログラムの導入と応用に取り組んでいる。しかし，ロイヤルティ・プログラムを導入することだけで，必ずしも利益をもたらすとは限らない。言い換えれば，全てのロイヤルティ・プログラムが必ずしも成功するとは言えず。むしろ，企業の期待に反して，効果を十分に果たせないロイヤルティ・プログラムが多いのが現実である。

　それでは，ロイヤルティ・プログラムの効果をいかにして強化することができるだろうか。まず，ある航空会社のマイレージ・プログラムを一緒に考えてみよう。その航空会社のマイレージ・プログラムが以下のように規定されていると仮定する。

　「弊社の航空サービスを利用し，弊社のマイレージ・クラブに入会している全ての顧客に対して，全て同じ特典を提供する。特典の内容はマイレージの加算によるチケットの割引，空港内の商品購入の割引券，弊社の指定するホテルの宿泊料金の割引という3種類がある。入会してからの1年間，この年の特典サービスを利用できるが，次の年になると，前の年に貯まったマイレージは利用できなくなる」。

　あなたはこのようなマイレージ・クラブに入会したいと思うだろうか。おそらく「いいえ」と答える人が多いだろう。利用したいと思わない理由は，このマイレージ・プログラムに魅力を感じないからであろう。もちろん，魅力がないロイヤルティ・プログラムであったら，新規顧客の獲得や，既存顧客の維持などによりもたらされる経済的利益は生み出されない。ロイヤルティ・プログラムの効果を強化するためには，適切なターゲット顧客の設定，顧客に合わせ

たカスタマイゼーション，ロイヤルティ・プログラム内容の充実という3点は欠かせないポイントである。

(1) 適切なターゲット顧客の設定

　企業は製品を開発しようとする際，この製品を誰に販売したいのか，誰がこの製品を買ってくれるのか考えなければならない。ロイヤルティ・プログラムを設定することは，新製品の開発と同じく，適切なターゲットが誰かを考慮する必要がある。また，ロイヤルティ・プログラムを設定する際に，「ヘビー・ユーザー（製品・サービスを頻繁に利用する顧客）」と「ライト・ユーザー（製品・サービスをたまに利用する顧客）」,「毎回の取引量」などを考えなければならない。例えば，航空会社のロイヤルティ・プログラムにおいて，ファーストクラスを利用する顧客に対しては，エコノミークラスを利用する顧客とは異なる特典を提供すべきである。すなわち，企業はロイヤルティ・プログラムの効果を強化するために，「優良顧客」への識別が不可欠である。

(2) 顧客に合わせたカスタマイゼーション

　例に取り上げたマイレージ・プログラムに魅力を感じない最大の理由は，顧客に合わせたカスタマイゼーションがなされていないことであろう。顧客一人ひとりに応じた製品・サービスを提供することを「カスタマイゼーション」と言う。企業は顧客との関係強化を目的として，随時カスタマイゼーションのなされた製品・サービスを提供する。アメリカのスターバックスでは，顧客がドリンクを注文した際，スタッフは顧客の名前を聞いてその名前をカップに書き，ドリンクが用意できたら，顧客の名前を呼んでドリンクを手渡す。このようなサービス提供のやり方に対して，顧客は大変親切に感じ，嬉しく思うのである。ロイヤルティ・プログラムも同様に，顧客一人ひとりに応じた製品・サービスが提供されなければ，顧客はプログラム自体の魅力性を感じなくなる恐れがある。航空会社のマイレージ・プログラムの例では，特典として顧客がよく利用する路線を把握し，出発地とか目的地の観光や交通などの情報をメールで送信

するなど，顧客に役立つ情報を簡単に入手することができるようになれば，顧客はロイヤルティ・プログラムの親切さや便利さを感じ，このプログラムを利用し続けるようになり得るだろう。

(3) ロイヤルティ・プログラム内容の充実

再び例示した航空会社のマイレージ・プログラムを見てみよう。特典の内容は3種類で，しかも貯まったマイルの有効期限は僅か1年だけである。このようなロイヤルティ・プログラムの特典内容は顧客に不親切である。

ロイヤルティ・プログラムの特典内容をより充実させる方法は，概して料金に関するものと料金以外のものに分けられる。料金に関するものについては，例えば，今まで貯まっているポイントによって，次回の購買にある程度の割引ができることや，加算されたマイルによってチケットを入手できることなどがある。また，料金以外のものについては，例えば航空会社の優先搭乗権や，空港の専用ラウンジの利用権など，さまざまな特典が用意されている。このように各種の特典を提供することにより，顧客が特定の企業の製品・サービスに特別な関心をもち，集中的に利用するようになり，企業に対する顧客ロイヤルティの育成が期待できる。

6. ロイヤルティ・プログラムのジレンマ

企業は利益の増加を期待して，ロイヤルティ・プログラムを導入するわけであるが，残念ながら魅力的なロイヤルティ・プログラムを導入しても，利益がなかなか上がらない企業が多数存在しているのも事実である。なぜ，ロイヤルティ・プログラムは魅力的であるのに，企業の利益と結びつかないのであろうか。その原因の1つは，企業がロイヤルティ・プログラムを通じて，2種類のロイヤルティを作り出すようになったからである。すなわち「真のロイヤルティ」と「偽のロイヤルティ」である。

満足度が高くないのに，特典をもらうために製品・サービスを利用し続ける

顧客は少なくない。これらの顧客は「偽のロイヤルティ」をもつもので，他の企業のロイヤルティ・プログラムがよりお得と感じるのであれば，他の企業に移る可能性が高い。そのため，偽のロイヤルティをもつ顧客は，企業にとって最も危険な顧客である。例えば，いくつかの航空会社のマイレージ・プログラムに加入し，路線によって最もお得な航空会社を使い分けながら利用する顧客である。このような顧客は，企業にとっての利益は少なく，維持するのにコストがかかるが，切ることができないというジレンマに悩まされる。要するに，ロイヤルティ・プログラムは，利用回数の増加によって，企業に対する真のロイヤルティも育成することができるが，一方，表面的な利用回数の増加だけでは，企業のプログラム特典に対するロイヤルティを生成することも避けられない。

　ロイヤルティ・プログラムを導入する目的は，さまざまな特典を通じて，既存顧客を維持した上，長期的で安定的なリレーションシップを構築することによって，企業利益を上げることである。しかし，この目的を達成するためには，単に特典の内容を充実させるだけではなく，さまざまな手段により顧客満足を向上させなければならない。顧客満足度が低い状況においては，顧客は偽のロイヤルティに陥り易く，他の企業の製品・サービスに移動する可能性が高くなる。

　要するに，顧客の製品・サービスに対する満足のレベルは，真のロイヤルティになるか，偽のロイヤルティになるかの分かれ目に影響を与えるキーポイントと言えよう。企業は，常時顧客満足を上げるために，製品・サービス品質の向上に力を入れたり，顧客データベースに基づいて，製品・サービスのカスタマイゼーションを強化したりすることに努力することが必要なことは言うまでもない。

　顧客志向の経営に，顧客との安定的で長期的なリレーションシップを構築することは欠かすことができない。このような理想的なリレーションシップを構築する原点は，顧客を満足させることにある。顧客が製品・サービスに対して，

満足するかどうかは，その製品・サービスを利用する前の期待により左右される。要するに，顧客満足の決定要因は，決して製品・サービスの品質だけではないということである。顧客の実際に感じた品質が，事前期待を上回れば顧客は満足するが，事前期待を下回れば顧客は不満になる。また，顧客にサプライズを与えることができれば。事前期待をはるかに上回った喜び，楽しみ，驚きなどの一連の感情に伴う顧客感動も形成されよう。

今までの研究によれば，顧客ロイヤルティを3つのアプローチによって捉えることが可能と考えられる。すなわち，「行動的アプローチ」，「態度的アプローチ」および「行動・態度的アプローチ」である。しかし，現在では顧客ロイヤルティを，単にリピート購買回数（行動的アプローチ），あるいは製品・サービスに対する好感（態度的アプローチ）だけで定義することは不十分であると指摘されており，アカデミックな世界でも，ビジネスの世界でも，企業に好感を抱き（好意的な態度），しかも将来的にも取引を続けたい（愛顧の行動）という「行動・態度的アプローチ」によって定義することが一般的である。

顧客ロイヤルティを獲得した企業は，経済的メリットを多く得ることができると言われている。顧客ロイヤルティを通じて得られる経済的メリットは，ポジティブな口コミ，グレードアップ，人件費の削減，価格プレミアムという4つの側面から取り上げられる。

顧客ロイヤルティと企業の利益が密接的に関連していることは実務的にも検証されているので，顧客ロイヤルティを高めることは，多くの企業にとって極めて重要な課題となっている。航空会社のフリークエント・フライヤーズ・プログラムから発展してきたロイヤルティ・プログラムは，顧客を獲得し維持するための重要な手段として注目を浴びている。現在では，航空会社のみならず，いろいろな業種の企業が，適切なターゲット顧客の設定，顧客に合わせたカスタマイゼーション，そしてロイヤルティ・プログラム内容の充実などによって，ロイヤルティ・プログラムの効果を強化しつつある。

しかし，ロイヤルティ・プログラムは顧客ロイヤルティを高める「万能の薬」ではない。企業は魅力的なロイヤルティ・プログラムを導入することにより，

製品・サービスに対するリピート購買回数が増加するものの,「偽のロイヤルティ」,すなわち,企業の製品・サービスに対するロイヤルティではなく,プログラム自体に対するロイヤルティを育てる結果に陥ってしまうようなことも避け難い。このような「偽のロイヤルティ」の生成を極力防止するためには,顧客に感動を与えて,常時高い顧客満足度を保つことが必要である。

注

1) Zeithaml,V.A. (ed.), *Review of Marketing* 1990, Chicago: American Marketing Association, 1990 Youjae Yi, "A Critical Review of Customer Satisfaction."
 Lovelock, C. H. and J. Wirtz, *Service Marketing: People, Technology, Strategy, 6th edition,* Prentice Hall, 2007.(白井義男監修 / 武田玲子訳『ラブロック＆ウィルツのサービス・マーケティング』2008 年, 71 頁).
2) Oliver, Richard L., *Satisfaction:A Behavior Perspective on the Consumer*, New York:McGraw-Hill, 1997, C.H. Lovelock and J. Wirtz.(白井義男監修 / 武田玲子訳, 前掲訳書, 71 頁).
3) Gottlieb, J., Grewal, D., & Brown, S.W., "Consumer satisfaction and perceived quality: Complementary or divergent constructs", *Journal of Applied Psychology,* Vol. 79 No. 6, 1994, pp. 875-85.
4) Eagly, Alice H, and Chaiken Shelly, *The psychology of attitudes,* Fort Worth, TX: Harcourt Brace Jovanovich College Publishers, 1993, pp.1-22.
5) Shankar, V., Smith, A. K., & Rangaswamy, A., Customer satisfaction and loyalty online and offline environments, *e-Business Research Center Working Paper 02-2000,* Penn State University.
6) Lovelock, C.H. and J. Wirtz(白井義男監修 / 武田玲子訳, 前掲訳書, 356 頁)
7) 石井淳蔵・栗木契・嶋口充輝・余田拓郎『ゼミナール・マーケティング入門』(第 2 版)日本経済新聞社, 2013 年, 395-396 頁。
8) 南知恵子『顧客リレーションシップ戦略』有斐閣, 2006 年, 85 頁。
9) Reichheld, Frederick F. and Phil Schefter, "E-Loyalty- Your Secret Weapon on the Web", *Harvard Business Review,* 80 (July-August 2002): pp.105-113.

第4章 サービス環境のリレーションシップ・マーケティング

1. サービス・マーケティングの登場と基本的体系

　サービスの概念は本来的には広い。しかし，本章ではサービス・マーケティングの根幹を理解するため，この概念を狭く捉える。接客従業員の活動そのものがサービスという商品になる場合や，有形のモノである商品の販売に係って提供されるサービスの場合もあるが，本章ではそれらを区別しない[1]。

　従来のマーケティングはモノの大量生産，大量販売を前提とする諸活動である。それに対して，サービスは接客従業員による活動そのものが商品となることから，大量生産できない。しかし，全産業に占めるサービス産業の割合が高くなるというサービス経済化現象が起こった。また，サービス提供企業は大規模化した。それに伴い，サービスの生産管理問題が顕在化した。

　代表的事例はマクドナルド社の接客従業員に対する管理活動である。同社は接客活動の重要性をいち早く認識し，その管理システムの構築に力を注いだ。モノの生産管理システムを積極的に取り入れ，詳細な活動までマニュアルを作成することで，接客従業員自らが意思決定する必要性を極限まで削減した。それにより，賃金の安い接客従業員であっても，均質なサービスが提供できた。標準化された愛想の良さが同社のサービスである。店舗毎にサービスの内容や品質が異なれば，サービスを明確に示せず，顧客の獲得・維持が困難になる。標準化や均質化は規模の拡大の必須要件であり，その意味では飲食業でありながら製造業と同じ考え方が根底にある[2]。

　マニュアルの作成によって，サービスの均質化を図る取り組みは今日でも至所でみられ，一定の品質確保までは普遍的に有用である。この考えの根底には

大量生産システムの基礎となるテイラーの科学的管理法の存在がある。これは標準的な作業時間を設定し，目標に到達すれば高賃金を与えるシステムであり，それによって，従業員のモチベーションを高める[3]。

　しかし，そのような発想では顧客に十分対応できない領域がある。例えば，高級ホテル，高級レストラン，高級アパレル商品，高級化粧品などにみられる接客活動である。そのような場面において，顧客はモノとしての商品や施設や空間の雰囲気などと同様に，サービスを重要な要素として認識する。このサービスが均質化・標準化されたものならば，顧客には即座に不満が生起する。高価格高品質な商品を購入する顧客は自分に合った特別なサービスを求めるからである。接客従業員は顧客のさまざまな状況に合わせて柔軟に対応しなくてはならない。

　このようなサービス提供企業も規模の拡大を図るために，サービスの品質を一定に保つ必要が生じた。しかし，これは先述したサービスの均質化・標準化とは根本的に異なる。例えば，ある顧客には懇切丁寧な，また別の顧客にはシンプルな接客対応がなされたとしても，それぞれの顧客は異なる内容のサービスを受け取ったにも係らず，品質が一定であると感じることをそれは意味する。もう1つの例として，ある顧客に同一商品を再販売する際に，そのときの顧客の様子に合わせて以前とは異なる接客対応がなされることもある。それでも，品質が一定であると顧客は評価する。高度なサービス提供技術がここには求められる。このようなサービスの管理問題が顕在化し，これが狭義のサービス・マーケティングの対象となる[4]。

　サービス・マーケティングにおける利益の発生原理として，サービス・プロフィット・チェーンがある。働きやすい環境を提供することで，接客従業員はモチベーションを高め，素晴らしいサービスを提供する。それは直接顧客の満足度を高め，購買の増加につながる。それだけでなく，顧客の満足した様子はそれ自体が接客従業員のモチベーションを高める。その結果として，利益が獲得されるという循環になる[5]。

　サービス・マーケティングはインターナル・マーケティング，エクスターナ

ル・マーケティング,インタラクティブ・マーケティングの3つから構成される。これらの有機的結合によって,最高の成果が獲得される。インターナル・マーケティングは組織内部の従業員に向けてのマーケティングである。インタラクティブ・マーケティングは接客従業員と顧客との接点におけるインタラクションに関する技法や情報である。エクスターナル・マーケティングは販売促進戦略の中にある広告宣伝活動に位置付けられる。

2. インターナル・マーケティング

(1) 基本的構造

　組織内部に向けてのマーケティングであるインターナル・マーケティングがアプローチする対象は接客従業員である。サービス・マーケティングはサービスの生産と販売に係る諸活動であるため,また,サービスの生産が消費と同時に行われるという生産と消費の不可分性から,それを直接担う接客従業員に関心が集中する。企業を代表する接客従業員の管理問題として,インターナル・マーケティングは位置付けられる。

　サービス・マーケティングの3つの構成要素の中で,インターナル・マーケティングは最重要である。その理由として,従来のマーケティングはモノの企画・開発から消費者への販売までの一連の過程を有機的に結合するものではあるが,それらの活動の実質的な担い手である従業員は捨象される。従業員の活動は予定されたマーケティングを十分に機能させるという暗黙の前提がある。それに対して,サービス・マーケティングでは,接客従業員の活動が商品そのものとなる事実を受け,それが対象となる。また,商品そのものの存在がなければ経済主体として成立しないからでもある。この新しい領域へのマーケティングの関心は単独では困難であるため,人事労務管理理論や人的資源管理理論などの研究蓄積を活用しながら発展している。

　人事労務管理理論や人的資源管理理論とインターナル・マーケティングとの違いを理解しよう。前者(人事労務管理理論や人的資源管論)は従業員の管理問題に係

わるさまざまな要素を研究する。例えば，年功序列賃金制度，終身雇用制度，成果報酬制度，リーダーシップ，職場の人間関係などがある。

それに対して，後者（インターナル・マーケティング）は前者で分析された結果を基礎として，接客従業員の管理システムの方向性を示すための研究である。前者において，優れた有用性を発揮するとされた制度や要素を単に組み合わせても，成果に結びつかないこともある。目的に適合するシステムとして構築されなくてはならない。具体的な目的は企業が提供するサービスである。このような思考方法はまさにマーケティング的であり，組織内部の従業員に向けての活動はインターナル・マーケティングという用語が最適となる。このアプローチにおいて，接客従業員は消費者と同様に多様性ある個人として認識される。ハワード（Howard）も言うようにマーケティングは統制が困難な消費者に対して，統制可能な要素の組み合わせをもって，精神的な部分への働きかけによって統制しようとする[6]。接客従業員にも同様なアプローチがなされる。

基本的構造として，実践されるインターナル・マーケティングの組織化の出発点は企業がどのような商品やサービスを販売するのかということである。それに規定されてシステムや要素が組織化される。例えば，最高級の商品やサービスであるならば，接客活動の自由度を高くし，顧客のさまざまな状況や要望に柔軟に対応できるようにする。接客活動は商品やサービスの性質や特徴をより顕在化，表面化できるようさまざまな工夫がなされる。医療サービスであれば，駐車場の整備や待ち時間の短縮も大切な要素ではあるが，特に，医療技術そのものに支えられた中核的部分の検討がなされる。教育サービスであれば，講義での表面的なパフォーマンスよりも，直近または将来，社会人として真に有用性のある内容が検討される。

次に，商品やサービスを提供するための職場環境の設計を考える。その内容は接客従業員の多様性を考慮した全体のバランスを整えたものとなる。多様性の内容は各従業員へのアプローチによって抽出される。マーケティングでいう市場調査である。例えば，それはある接客従業員は力強く販売する能力はあるが，特定のタイプの顧客への対応は苦手とするというような情報である。接客

従業員は一般消費者と同様に多様性ある個人と認識されるとはいっても，企業の構成員である以上，企業目標の達成という制約を受ける。制約内での接客従業員への調整活動は管理者の重要な役割となる。個人と全体とのバランスを調整するだけでなく，個人には将来に向けてのチャレンジ的な役割を担わせなくてはならない。個人の潜在的能力を発見し，それを伸ばす機会を提供することは企業の成長にもつながる。しかし同時に，それは接客従業員の負担になる可能性もある。管理者は良識ある人間として，説得的活動によって調整しなくてはならない。管理活動は広範囲にわたり，管理者の負担は大きい。管理者は従業員と同様に多様性と能力的限界がある。そうではあるが，管理者の誠実な態度によって，職場環境の水準を高く維持するならば，接客従業員は管理者の存在に関係なく，彼らの観念の中に，自らを律する管理規範が形成され，それが機能することによって，管理者の実質的負担を軽減する。インターナル・マーケティングは組織全員が一丸となるためのシステムでもある[7]。

簡単な説明ではあるが，このような一連の諸活動が有機的に結合されることによって，従業員は卓越したサービスを提供する。ここには大きな循環がある。それはヘスケット（Heskett）らによって提唱されたサービス・プロフィット・チェーンである。利益，成長，顧客ロイヤルティ，顧客満足，サービス，従業員の能力，従業員満足，従業員ロイヤルティ，労働生産性という各要素が相互関連しながら循環する。

利益の確保と成長は顧客ロイヤルティが原動力となる。企業や商品に対する忠誠心が顧客ロイヤルティである。市場占有率が多くの製造企業の目的であるのに対して，常連客・得意客である顧客を獲得し維持する方がサービス企業にとっては効果的である。サービスは生産と消費の不可分性のため，一般的な商品とは異なり，購入後初めてその品質を確認できる。再購買する際には過去の経験を判断基準にすればよいが，初めての購入ではさまざまな情報をもとに期待するサービスを購入する。新規の顧客はこの期待に実際を近づけるよう，顧客ロイヤルティの高い顧客から情報を得ようとする。優良な顧客は売上に貢献するだけでなく，優良な情報を発信する無償の広告代理人となる。

顧客ロイヤルティを高めるための出発点はインターナル・マーケティングが担っている。動機づけられた接客従業員は最高のサービスを提供する。顧客は単なる満足ではなく，接客従業員による心のこもった工夫によって，歓喜する。歓喜は期待を遙かに上回る効用を得たときに生じるものであり，全体的満足度を強く押し上げる。顧客はリピート率が高まり，関連商品を積極的に購買する。顧客は自分自身の欲求を満たそうとするだけでなく，接客従業員へ自らが満足した様子を表現する。最高の笑顔を伴った「ありがとう」という感謝の言葉を発するだけでなく，特定の接客従業員の売上への貢献自体に喜びすら感じることもある。これはミラー効果と呼ばれるものであり，接客従業員は顧客からの無償のサービスを受け取ることによって，ますます動機づけられる。このような良循環がサービス提供企業に求められ，サービス・マーケティングがそれを具現化する[8]。

(2) リレーションシップ・マーケティングの貢献

　リレーションシップ・マーケティングは接客従業員という限定的な対象へのアプローチから，モノとサービスの両方に対するマーケティング全体の有効性を高める手段としてインターナル・マーケティングを発展，充実させる。グメソン (Gummesson) の見解によれば，最大手の自動車製造企業であるクライスラー社の CEO（代表取締役）に就任したアイアコッカは与えられた職能とは他の職務とのインタラクションが適切に行われて初めて最終成果に結びつくことを認識する従業員が存在しないことを嘆いた。一般的に，専門的職能間や組織階層間には衝突が生じやすい。また，企業の方向性や文化を阻害する派閥や下部文化もある。これらの問題は従業員が所属部門の一員としてのみ活動するため発生する[9]。

　接客従業員は顧客にサービスを提供する。それ以外の従業員であっても，他の従業員に対して職務上のサービスを提供する。サービスの本質は相手を思いやる心，サービス精神である。この本質を理解するならば，先の問題は自然と解消される。インターナル・マーケティングは接客従業員を内部顧客と捉える

限定的な姿勢から，全従業員は互いに職務上のサービスを提供するという事実をもって，全従業員を内部顧客とする姿勢に発展・成熟する[10]。

　マーケティングの志向性として，顧客を起点するマーケティング志向と製品に重きを置く生産志向が対立的に取りあげられる。モノに対するマーケティングは品質の重要性を軽視してきた。商品の均質化は生産技術や設備の向上によって達成されるが，競合商品との差別化は品質そのものではなく，例えば，ブランド・イメージを高めるマス・メディアを活用した販売促進戦略によってなされた。市場競争が激化する今日，商品の品質による直接的な差別化を図らなくてはならない。商品とサービスは統合された1つの商品として，顧客起点のマーケティング志向で消費者ニーズを的確に抽出し，生産志向でもってそれを魅力あるものに具現化しなければならない[11]。

　インターナル・マーケティングを遂行する際，従来型の管理システムや従業員の情報共有に係わる社内広報誌などの形式的活動ではなく，インタラクティブな活動が必要であり，積極的な形式に拘らない集まりを形成しなくてはならない。具体的には，忘年会・新年会・歓送迎会，社員の誕生日会，社員旅行，スポーツ大会などが職域や階層の枠を超え，横断的に実施されなくてはならない。このような集まりに対して，従業員が管理的性格を感じると不信感につながる。従業員の連帯意識や企業への帰属感を高めさせ，企業の思惑に従わせるための活動であってはならない。それらはあくまでも従業員と共に企業の発展を願う純粋な活動である[12]。

3. インタラクティブ・マーケティング

(1) 基本的構造

　なぜ，接客従業員が顧客と接する場面での活動がインタラクティブ・マーケティングと呼ばれるのか。モノの生産は従業員が顧客に直接向き合うことなく，工場でなされる。それに対して，サービスは接客従業員が顧客に直接行う活動であり，生産と同時に消費がなされる一連の過程である。その際の顧客は単な

るサービスの受け手ではなく，共同生産者と認識される。例えば，美容室では，顧客は自分の希望を伝える。医療サービスでは,自分の傷病の様子やそれに至った経緯を説明する。高級レストランでは店の雰囲気を損なわないようマナーを守る。このような生産への参加はサービスの品質を高める重要な顧客の活動となる。高品質高価格なサービスほど，顧客は積極的に生産に係わる。顧客に生産活動を自発的，積極的に行わせ，顧客とのインタラクションによって，サービスを生産するという意味でその用語が用いられる。

　顧客の多様な性格やその時の状況に合わせ,柔軟な活動を接客従業員が行う。マニュアルや接客教育にはない対応が要求される場面も頻繁にあり，接客従業員はサービスの生産部門と同時に，商品開発部門でもある。サービスを構成する要素は人的なサービスだけではない。有形の商品，施設，設備などの物的な要素であるフロント・ステージだけでなく，サービスを提供するための裏方の活動であるバック・ステージもある。それらの有機的な結合がサービスの品質を確保する。

　接客従業員は顧客に対して，マーケティングの実質的な意思決定者である。顧客に強引な販売をすることなく，顧客に積極的な生産への関与をさりげなく促す工夫が求められる[13]。

(2) リレーションシップ・マーケティングの貢献

　顧客は生産の共同参加者となる。その場面はサービス・エンカウンター，または，接客従業員と顧客にとって最も大切であることから真実の瞬間とも呼ばれる[14]。この場面の適切な管理が重要であり,リレーションシップ・マーケティングはその遂行に向けて，管理者の思考のあり方を提示する。

　接客従業員と顧客だけでなく,顧客同士のインタラクションもある。ダンス・クラブでは，サービス提供者自らはダンスするのではなく，顧客に楽しんでもらうための環境や設備などを提供する。ダンスを牽引するDJの役割は重要である。直接接することなく，サービス提供者が顧客とのインタラクションを行う場面もある。スーパーマーケットでは，商品の品揃え，陳列，店舗レイアウ

ト，駐車場などが顧客との関係性を構築す[15]。

直上はサービス提供者からの顧客とのインタラクションであるが，そのようにはない場面もある。マーケティングのもっとも根幹的な問題は商品を販売する場面の大切さを理解しつつも，それを小売企業や卸売企業に任せなくてはならないことである。製造企業はそれらの流通企業を単なる取引先としてではなく，多様な能力をもった従業員の集合体と認識しなければならない。多様な販売方法をもった企業との良好な関係は販売促進力を増強する。商品の販売にかかわる優秀な人材を製造企業は費用を追加投入することなく確保できる[16]。

不満を抱く顧客への対応は非常に重要である。従来の考えであれば，不満を抱く顧客は再購買しないだけでなく，不満を他人に告げるため，潜在的な顧客獲得を阻害する。サービスは購買の経験により初めてその具体的内容と品質を確認できることから，品質に関する負の話題は撲滅しなくてはならない。しかし，このような思考は本来の人間関係を深く理解し実践することによって変えられる。人は多様であり，相手のことを全て理解できない。互いに相手を思いやる気持ちとそれに裏付けられた行動は人間関係形成の基盤となる。不満のない人間関係における関係の深さは実際には浅い。密接な関係は互いの満足だけでなく，不満も理解する結果として形成される。そのような人間関係を自然に受け入れたインタラクションを実践するならば，不満は満足と基本的に何ら変わらない。不満を解消する際の誠実な態度が顧客を満足させる。サービスはモノである商品とは異なり，人間同士のインタラクションであるため，接客従業員の行動の背後にある精神面が顧客の心をつかむからである[17]。

4. エクスターナル・マーケティング

(1) 基本的構造

モノのマーケティングにおいて，エクスターナル・マーケティングは販売促進戦略における広告宣伝活動に位置付けられる。サービス提供企業のターゲットとする顧客は相対的に少ない。それゆえ，マス・メディアの積極的な活用は

費用的にも困難であり，新聞，雑誌，テレビなどの媒体をとおしてのパブリシティを期待するのが1つの方法である。

　サービス購入の際，購買経験・実績のある顧客からの口コミや評判が有効な手段となる。既存顧客はサービスの購入者であると同時に，広告宣伝媒体とも認識される。インタラクティブ・マーケティングはサービスを提供するだけでなく，有効な広告宣伝媒体になるよう顧客を育成する。

　初回の購入を促すため，割引券を配布したり動画をインターネットで流す方法もあるが，高額な商品やサービスの場合，そのような販売促進活動は有効に機能しない。そのような活動はブランド・イメージを低下させるためである。それゆえ，高級ブランド商品の販売店舗ならば，入り口を豪華にし，ドアマンや警備員を配置する。高級ホテルでは建物の正面のファサードを豪華にし，玄関で乗用車を預かり駐車場まで回送するバレーを配置することで，サービスの品質が高いことを強調する。

　エクスターナル・マーケティングは組織内部の従業員にも影響する。例えば，新聞やニュースなどのパブリシティや良い口コミや評判を見聞きした際，従業員は職務に対する誇りをもつからである[18]。

(2) リレーションシップ・マーケティングの貢献

　メディアは社会経済に大きな影響を与える。リレーションシップ・マーケティングによる貢献は従来のエクスターナル・マーケティングに対して，メディアの捉え方に違いを生じさせたことである。従来，企業はメディアを有効に活用することだけに注力していた。それに対して，メディアが求める本来的な行動を前提として，単なる自己のための手段ではなく，対等な関係のもとで，企業が真摯な態度で付き合うことが大切となる。

　企業とメディアとの関係を確認しよう。顧客にとって，両者の関係が全く存在しない状態は考えられない。顧客は情報を何も得られないからである。両者が互いに関係を必要とする場合であっても，それぞれの思惑は一致しない。企業は都合のよい情報の発信を求めるが，そうでない情報を隠蔽したがる。それ

に対して，メディアは一般大衆が興味をもちそうな話題であれば，全てを報道したがる。この衝突を関係性でもって解決しなくてはならない。

3つの事例を紹介しよう。ある企業は食品衛生問題について，メディアと保健当局に情報を全て公開し，対応活動に費用を一切惜しまなかった。売上の低迷は一時的なものであり，直ぐに業績は回復した。また，ある企業は責任の一切ない偶発的な事故によって，顧客が被害を受けた。直ぐに自社株式の取引を停止し，トップ経営者が現場に訪れ，被害者家族や従業員へ誠実な対応をした。このような対応がメディアをとおして一般大衆に評価された。最後に，ある企業は偽装問題を隠蔽しただけでなく，メディアからの質問に対して，社長は横柄な態度での発言があった。保健所の調査期間中であったにも係わらず，さらに問題行動をとったことが大きく報道された。

1つ目は問題を隠蔽することなく，積極的な情報の開示による顧客への誠実な対応を図った例である。2つ目は誠実な態度がメディアに取りあげられた例である。3つ目は不誠実な態度がメディアによって強く糾弾された例である。

エクスターナル・マーケティングにおけるリレーションシップ・マーケティングの貢献は企業がメディアとの関係以前に，顧客に対して常に誠実であることの大切さを事例は示唆する。言い換えれば，顧客に誠実であるならば，メディアとの関係は自然に良好になる[19]。

注

1) サービスの概念について以下の文献を参照。松井温文「物財・サービス財・サービスの本質的概念規定に関する基礎的研究−サービス・マーケティング研究の本来的対象の明確化に向けて−（研究ノート）」『星陵台論集』第36巻 第2号，2003年。
2) Sasser, W. E. & S. P. Arbeit, "Selling Jobs in the Service Sector," *Business Horizons*, June 1976.
3) 大量生産システムの原理について以下の文献を参照。松井温文「企業の生産・研究開発戦略」髙木直人編『経営学入門』五絃舎，2014年。
4) 松井温文「サービス・マーケティング研究の登場−歴史的規定を受けた必然性から−」『流通』第19号，2006年。

5) この理論をわかりやすくまとめた以下の文献を参照。日野隆生「利益の発生原理」松井温文編『サービス・マーケティングの理論と実践』五絃舎, 2014年。
6) Howard, J. A., *Marketing Management: Analysis and Decision,* Richard D. Irwin, Inc., 1957 (田島義博訳『マーケティング・マネジメント−分析と決定−』建帛社, 1960年), 4頁。
7) 松井温文「インターナル・マーケティングの概念構築に向けて」『星陵台論集』第34巻 第2号, 2001年。
8) Heskett,J. L., T.O.Jones, G.W.Loveman W.E.Sasser, Jr., and L.A.Schlesinger, "Putting the Service-Profit Chain to Work," *Harvard Business Review,* March-April 1994 (小野穰司訳「サービス・プロフィット・チェーンの実践法」『DHB』June-July 1994年)。
9) Gummesson,E., *Total Relationship Marketing, Second Edition,* Butterworth-Heinemann, 2002 (若林靖永他訳『リレーションシップ・マーケティング』中央経済社, 2007年), 230-231頁。
10) 同上書, 232-234頁。
11) 同上書, 235-238頁。
12) 同上書, 243-249頁。
13) 松井温文「サービス・マーケティング」伊部泰弘・今光俊介『事例で学ぶマーケティング』五絃舎, 2012年, 56-57頁。
14) 真実の瞬間の内容について以下の文献を参照。Carlzon,J., *Moments of Truth,* Cambridge, MA: Ballinger, 1987.
15) 若林靖永他訳, 前掲書, 90-91頁。
16) 同上書, 96-98頁。
17) 同上書, 112-114頁。
18) 松井温文, 前掲書, 2012年, 55頁。
19) 若林靖永他訳, 前掲書, 214-219頁。

第5章　サービス・ドミナント・ロジック
―プロセスとしてのマーケティング―[1]

1. 有形財のマーケティングと無形財のマーケティングを包括するサービス・ドミナント・ロジック

　有形財（モノ）に焦点を当てた4Pからなるマーケティングの議論が今日のマーケティング研究でも中心的である。しかしサービス経済化が進展すると，サービス・ビジネスが産業構造，就業者人口において高い比率を占めつつある。こうした場合，モノを中心にした従来のマーケティングの考え方では十分に対応できなくなってくる。例えばコンピューター・メーカーのようにモノとしての製品の販売というよりはむしろアフターサービスによって高い収益を得る製造業者も現れている。こうした背景から無形財のサービス（services）を中心としたマーケティングが発展し，マーケティング研究の中でも1つのサブ領域を占めている[2]。

　このように，有形財を対象にした従来のマーケティングと，無形財を対象にしたサービス・マーケティングに分かれた2つの研究潮流が存在している。しかし，近年ではこれらの2つの領域を包括的に捉える考え方も生じている。本章のサービス・ドミナント・ロジック（Service-Dominant Logic; 以下，S-Dロジック）もこれらを包括的に捉える研究の流れとして位置付けることができる。

　さてS-Dロジックを考えていくうえで次の2つの事例を考えてみる。例えば大学生が大学の講義で課題レポートが出されたとする。その課題は，あるテーマに関する本を読んでそのことについて要約し，自分なりに検討することを求められている。このとき大学生はどうするだろうか。例えば，書店でその本を

購入し，本を自分の知識を使って読んでレポートを書く人もいるだろう。また図書館にいってその本を借りて，自分の知識を用いてレポートを書く人もいるだろう。このように考えた時，同じ本を購入してレポートを書くことと，本を借りるという図書館のサービス（無形財としてのサービス）を通じてレポートを書くということは何か違いがあるといえるのであろうか。S-Dロジックの視点では消費者の使用場面を強調するため，これらの2つに相違がないと考えるのである。

第2の事例として，年賀状を作成したいのにパソコンの使い方がわからない場合，私たちはどうするだろうか。私たちはパソコンを使わなければ，パソコンは単なる箱である。ウェブサイトで検索してそのやり方について調べて理解したり，友人に聞いてやり方を教えてもらい理解して操作する。メーカーのノウハウが形として表われたパソコンに対して，自分のパソコンの知識と他者のパソコンの知識を組み合わせてパソコンを操作し，私たちは文書を書いたり，グラフを作成する。S-Dロジックでは消費者が能動的にさまざまな知識を組み合わせて利用し，使用の現場での価値（使用価値ないし文脈価値）を創出するという姿が見えてくる。こうしたことを考えながら，本章ではS-Dロジックを考えていく。

2. S-Dロジックのマーケティング研究への影響

バーゴとラッシュは，これまでの有形財を中心に議論されているマーケティング研究をグッズ・ドミナント・ロジック（Goods-Dominant Logic; 以下，G-Dロジック）として称し，批判した。その上でS-Dロジックという"レンズ（ものの見方）"，"マインド・セット（ものの考え方）"を提唱した[3]。その後，多くのマーケティングの研究者の間で議論が交わされ，複数のジャーナルでも特集号として掲載されている[4]。バーゴとラッシュはS-Dロジックを構築するにあたり，1980年代以降に出現した，リレーションシップ・マーケティング，サービス・マーケティングや品質管理などの7つの研究潮流に影響を受けて，これらの共通項として

S-Dロジックを提示した[5]。S-Dロジックは"プロセス"に焦点を置き，"オペラント資源"という知識とノウハウに着目して，企業と消費者が互いに知識を必要として，使用現場での価値共創を行うという考えである。本章ではS-Dロジックと，7つの研究潮流のうちのリレーションシップ・マーケティングの理論的な関わり合いについて検討する。まず無形財としてのサービス（services）の特性についてのバーゴとラッシュの特有の見解を見ていく。

3. サービスの特性の再検討を通じた新しい「サービス（service）」概念

　従来から議論される無形財としてのサービス（services）の特性（無形性，異質性，不可分性および非貯蔵性）で，有形財と比較して無形財としてのサービスは劣っているといわれていることについてバーゴとラッシュは批判し，その意味内容を覆している[6]。まず無形性については，消費者は事前確認できず知覚リスクを感じてしまうことが従来，議論され，それを克服するためには有形の手がかりが必要であるとされている。しかし，製品には修理や保障といったサービスの要素が含まれている。そして無形財としてのサービスにも有形の要素（例えば美容院でいえば従業員のユニフォームや設備）が含まれている。有形財であっても無形財としてのサービスであっても，消費者の便益を理解し，その問題を解決することが重要である。さらに有形財，無形財ともに消費者が知覚するブランド・イメージは無形であり，差別化のためには有益な手段である。

　次に異質性については，標準化できないために生産性が向上しないと議論されている。しかしバーゴとラッシュは次のように反論している。例えば銀行はかなり標準化されたサービスを提供している。そして標準化されたサービスは企業の観点からは効率的なものであり，品質の基準となっている。しかしながら，こうした企業側の基準よりも消費者がどのようにサービス品質を知覚するのかが重要である。確かに標準化は企業の効率性をもたらすものの，その効率性は顧客対応のマーケティングの有効性を犠牲にしてしまう。それゆえ標準化せずに個々の顧客に合わせたカスタマイゼーションの重要性は異質性に対応す

る重要性をもっているのである。

続く不可分性は,サービスは生産と消費が同時に発生すると議論されている。サービス供給を受けるには生産者と消費者が同時にやり取りしなければならないため消費者からなれた場所で生産できないことである。この特性は有形財においても当てはまるという。例えばパソコンを使う状況では,消費者が消費プロセスでそのパソコンとやり取りをしない限り,パソコンを通じて消費者は使用現場で価値を実現できないのである。

最後の非貯蔵性は,無形財のサービスは事前に生産できないし貯蔵できないため,需要が発生した際に販売されるというものである。しかしバーゴとラッシュによれば,有形財あるいは無形財としてのサービスが消費者に消費されるときにはじめて価値共創ができるとする。例えば,一度も消費者に読まれていない本はただの紙の塊であり価値はなく,顧客のいない床屋(無形財のサービスの提供者)は何も生産できない。つまり価値は常に顧客と共創されるのである。そして企業の生産管理者も非貯蔵性を想定すべきであるという。例えば,ある自動車メーカーでは,市場動向にあわせてジャスト・イン・タイム生産方式を実行することで在庫水準を低減させている。

このようにバーゴとラッシュは有形財と対比して従来から議論される無形財のサービスの特性を批判的に検討した上で,「プロセス」や「活動」に注目する。そこでは消費者の便益のために何らかの活動を行ったり,プロセスにおいて企業と消費者が互いの知識やスキルを必要する「単数形のサービス(service)」という新たな意味を付与するのである。

4. S-Dロジックの基本的前提(FP)の変遷

バーゴとラッシュはS-Dロジックにおいて,2004年に8つの基本的前提(以下;FP)を提示した。しかし,S-DロジックのFPに関する誤解や批判を拭うために,2006年と2008年にFPの追加と修正を行うことで,10のFPを提示している。ここでは最終バージョンの2008年のFPを主に検討していく[7]。

FP1　サービス（service）が交換の基本的基盤である。

　バーゴとラッシュによれば，「単数形のサービス（service）」は「スキルと知識を他者あるいは自身のために適用する」ものであり，サービスを交換の基盤とした考え方を提唱している。そして「他者のために，さらには他者と一緒になって何かを行うプロセスとして，それ故に，常に，協働的なプロセス」[8]として捉えている。つまり消費者の便益の観点から企業と消費者は互いに知識やスキルを必要とすることを意味している。

FP2　間接的交換は交換の基本的基盤を見えなくする。

　企業と消費者は「単数形のサービス」の交換を行っているが，現代の企業組織は巨大化している。そのため組織内での専門分化が生じて個々のスキルの分化が起こり，サービスのためのサービスの交換の本来の性質が理解しにくくなってしまう。さらに製造業者と消費者の間に流通業者が介在すると，その専門分化によってサービスの交換という性質が分かりにくくなってしまうという意味である。

FP3　グッズは，サービス供給のための伝達手段である。

　バーゴとラッシュは，有形財を交換の基本的要素とするG-Dロジックに対して，S-Dロジックでは有形財は知識あるいは活動が埋め込まれたものと見なすことができるとしている。つまり，有形財はサービスのパフォーマンスをもたらすための道具としている。バーゴとラッシュは，製品を企業のコンピタンス（中核能力）が具体化したものという考え方に依拠している[9]。このことから有形財は消費者と協力しながら消費者にサービスを供給する手段である。例えば自動車は自動車メーカーのノウハウが具体化したものであり，それと消費者は運転の知識を用いて自動車を運転し，楽しいドライブ旅行をするのである。

FP4　オペラント資源は競争優位の基本的な源泉である。

　バーゴとラッシュは資源を「オペランド資源」と「オペラント資源」に分け

ている。「オペランド資源」は機械などの有形な資源(モノとしての資源)であり，「オペラント資源」は知識やスキルといった無形の資源を意味している。 FP4は，知識やスキルを意味する「オペラント資源」こそ，競争優位の源泉であるという基本的な前提である。そして企業は競争の場を通じて学習することでスキルや知識を創出，普及できるとしている。

FP5 すべての経済はサービス経済である。

通常, サービス経済化を背景にしてこうした考え方が提唱される。しかしバーゴとラッシュは，これは無形財としてのサービス（services）の増大を意味しているが，誤解であるとしている。つまり有形財であろうと，無形財であろうと,すべての経済的交換は知識やスキルを適用するという「単数形のサービス」というプロセスに依拠したものである。そして有形財の生産や利用は知識やスキルの交換が必要になると主張するのである。つまり，有形財はサービスの伝達手段であり，モノを介した間接的なサービス供給が行われる。無形財のサービスでも消費者とサービス企業との間で直接的なサービス供給が行われる。こうした企業と消費者の相互作用プロセスに着目した考えに依拠すれば，すべての経済は「単数形のサービス（service）」経済であると捉えられる。

FP6 顧客は常に価値の共創者である。

企業は価値提案を行う立場であり,使用価値すなわち「文脈価値」を知覚し，決めるのは消費者自身である。消費者が企業からの価値提案を受け入れると，使用段階での価値実現の場に消費者と企業が関わりあうプロセスで，価値共創がなされることになる。単数形のサービスが直接的に供給されるのか，あるいは，有形財を通じて間接的に供給されるのかのいずれかの場合においても，価値創造の本質的なものは,価値を伝達するために用いられる有形財だけでなく，企業と消費者の互いの知識とスキルの適用が必要とされるのである。重要なことは，S-Dロジックが価値創造プロセスに消費者を能動的な存在として含んでいることである。自動車は消費者に運転されなければ，単なる鉄の塊である。

消費者が運転をするときに，企業がオペラント資源を適用したものに，消費者がオペラント資源を適用しサービスが供給される姿が見えてくるのである。それゆえ，顧客は常に価値創造プロセスへの能動的な参加者である。

また「価値共創」の概念は，「価値の共創」と「共同生産」という2つの構成要素からなるとしている。前者の「価値の共創」は消費者が製品や無形財としてのサービスを実際に使用する現場で企業と消費者の間での相互作用を通じて価値が創出されるものである。他方で後者の「共同生産」は，インターネットを通じたデニムジーンズのカスタマイズを考えてみればわかるように，文脈価値を向上させるために，市場提供物（製品）の企画段階に消費者が参画するというカスタマイゼーションを意味する。

FP7　企業は価値を提供することはできず，価値提案しかできない。

バーゴとラッシュは，企業のみの一方的な価値提供という考え方を修正するために，消費者と企業との協働によって価値が創造されるということを強調する。つまり価値判断は消費者側にあり，使用場面で生じる文脈価値は消費者が知覚し，決定するものであるという主張である。

FP8　サービス中心の考え方は元来，顧客志向的であり，関係的である。

G-Dロジックでは企業の立場から消費者のニーズに適合するような製品を開発したり，マーケティング活動を遂行することが顧客志向であるといわれる。他方でS-Dロジックでは，消費者の使用の現場に着目し，そこで消費者と企業が相互作用的なプロセスを経て価値を創造しているとする。相互作用するという意味では消費者と企業の関係は密接である。また関係的であるという意味は，長期・継続的な関係であっても単発的・離散的な取引であっても使用場面で企業と消費者が相互作用することは同じである。消費者はどのような取引の関係であっても使用の現場での企業と相互作用することによって文脈価値の実現のプロセスを経ていくことからである。

FP9　すべての社会的行為者と経済的行為者が資源統合者である。

　ここでの行為者という考え方は企業や消費者個人などを意味し,「資源統合者」という用語については,すべての行為者は各々のネットワークを通じて自らの知識やスキル(オペラント資源)を,他者の知識やスキル(オペラント資源)と交換し,知識を組み合わせ,適用することで価値を創造するという視点を導入している。先にパソコンの事例として挙げた2番目の事例を思い起こしてほしい。こうしたことからネットワークを通じた行為者のオペラント資源の統合の考え方が読み取れる(図5-1)。

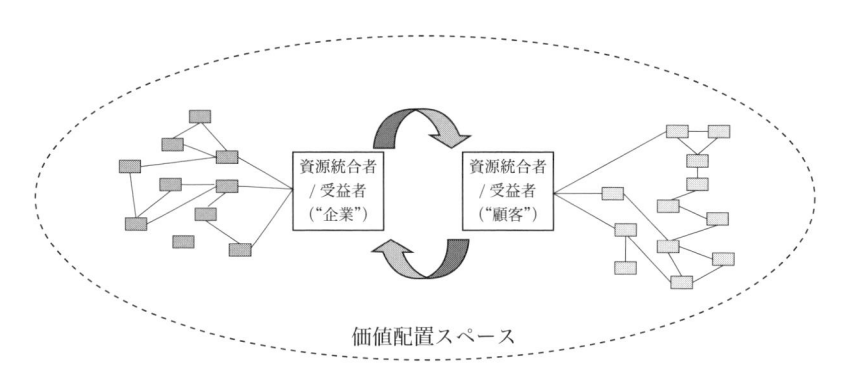

図5-1　資源統合

出所) S.L.Vargo, "Customer Integration and Value Creation: Paradigmatic Traps and Perspective," *Journal of Service Research*, Vol.11, No.2, 2008, p.214.

FP10　価値は受益者によって常にユニークで現象学的に判断される。

　価値創造は消費者自らの知識やスキルを使用している現場でなすものである。G-Dロジックは機能面での便益を強調しているが,他方で「S-Dロジックの優越性は,ようやく今になって,学問がより経験的で自己顕示的で現象学的で感情的な便益の役割を理解することに向けて発展しているのかに関する理由である」[10]としている。バーゴらは「自動車が価値を有するのは,顧客が自動車を利用する時(彼らの生活という文脈の中)だけである。この場合,顧客と自動車メーカーは,価値を共創している:自動車メーカーは彼らの知識とスキ

ルを生産に適用し，顧客は彼らの生活という文脈の中で自動車を使用する際に彼らの知識とスキルを適用する」[11]と述べている。

　G-Dロジックでは有形財や無形財としてのサービスは「グッズ」であり，企業の"アウトプット"として捉えられている。つまりG-Dロジックでは価値は「グッズ」に内在し，企業によって価値は創造され，消費者によって破壊されるという考え方である。これとは対照的にS-Dロジックでは，企業は価値を創ることはできず，価値提案できるのみであり，消費者の使用場面での文脈価値は企業と消費者によって協働で創造されるという"プロセス"に主眼を置く。S-Dロジックにおいて重要な点は「単数形のサービス」が交換の基本的基盤であるという点である。S-Dロジックの「単数形のサービス」とは，モノとサービスを二分しない捉え方としての，知識やスキルを適用するプロセスを意味している。

　そしてS-Dロジックでは知識やスキルは「オペラント資源」と称されており，有形財はサービス供給の伝達手段と捉えられている。つまり製品は単なるモノ（オペランド資源）ではなく，製造業者のノウハウが適用された姿として製品を捉える。例えば口紅のような化粧品であれば，化粧品メーカーのこれまでの事業経験やノウハウが製品の形として具体化したものである。そして，消費者は能動的な存在として捉えられており，消費者は文脈価値の実現のために友人や家族，企業というネットワークを通じて得られたノウハウや知識（オペラント資源）と，自分のノウハウや知識（オペラント資源）を統合し，サービス供給がなされることになる。つまり消費者が企業とともに価値を創造するプロセスに参画すると考えるものである。パーティーに出かける女性はこれまでの経験や友人からのクチコミ，雑誌の記事などを参考にして，着る服に似合う口紅を塗って自分を引き立たせるのである。このように価値創造のプロセスは，複数のネットワークからの資源を統合する，協働的，相互作用的なリレーションシップで文脈特殊的なプロセスを常に意味している。

5. S-D ロジックにおけるリレーションシップ概念と事例の検討

　先ほど FP8 を見たように,「サービスを中心にした考え方は, 元来, 顧客志向的であり関係的である」とされている。一般的に従来の有形財を中心にしたマーケティングの考え方, すなわち G-D ロジックにおける交換概念では, 取引とアウトプットに焦点を置き, 顧客志向とは企業の観点で消費者が購入する製品（アウトプット）の単位を生産することを意味している。ここでのリレーションシップは時間の経過とともに行われる複数回の取引を意味している。つまり G-D ロジックの顧客志向やリレーションシップは, 消費者に多くのモノを継続的に販売して企業の長期的, 累積的な収益性を向上させるという考え方である。

　しかし, これに対して S-D ロジックでは, 元来, 顧客志向的であり相互作用的であるとする。消費者の問題を解決するにあたって, 消費者と企業は互いにオペラント資源を適用することから, 交換は相互依存的で関係的であり, 消費者を中心に据えた考え方である。S-D ロジックでは価値創造は使用の現場での相互作用的なプロセスで生じ, 関係的な文脈の中で価値は創造される。そこでは単発的, 離散的な取引であっても, 長期的・継続的な取引であっても使用場面で消費者と企業は相互作用する関係を前提にしているのである。このように価値共創では, 消費者がスキルと知識を利用していくというプロセスにおいて文脈価値が実現される。バーゴとラッシュは「相互作用, 統合, カスタマイゼーション, そして共同生産はサービス中心の見方についての顕著な特質であり, その本来の焦点は顧客とのリレーションシップに当てられている」[12] と述べている。前節で検討した S-D ロジックの FP を提示するにあたって, その際にバーゴとラッシュが参考にしたリレーションシップ・マーケティングの研究者たちの見解を見ていく。

　例えば, グルンルースは従来の 4P を基盤にしたマネジリアル・マーケティングの考え方では, 企業は能動的であり, 消費者は受身的であるという想定を批判し, 両者の相互作用的プロセスを強調している[13]。つまり, 企業も消費

者も共に能動的な存在として捉えている。そして，消費者のための価値は消費者と部分的には企業（サービス提供者）との間の相互作用の中でリレーションシップを通じて創造されると主張する。

またグメソンは，消費者は価値の破壊者でも受動的な存在でもなく，価値の創造者であるとする。そして提供物が何かのために使用され，誰かのニーズを充足させる体験として使用されるまで価値は現れないとしている。そしてリレーションシップ・マーケティングの視点から企業と消費者の相互作用を重視し，生産と消費はバランスを取って価値を創造するという概念を提唱している[14]。このことは，企業と消費者の相互作用の統合にかかわるものである。そしてデイビスとマンロドトによれば[15]，企業が特定の顧客ニーズに合わせた問題解決を図るためにそれを促進する製品や無形財としてのサービスを開発する。そのため企業は個々の顧客との相互作用というリレーショナルなプロセスを取るべきであると主張している。こうした考え方はカスタマイゼーションに通じる。

またグリンとレテヘンは競争優位を追求するためには優れた品質を提供することが鍵になるため，企業と顧客の相互作用の重要性を主張し，そして相互作用的なリレーションシップの生じる領域を以下の多様な項目にまとめている[16]。

① マーケティング組織内の内部的な相互作用
② 顧客の組織内の内部的な相互作用
③ 顧客と最前線の現場にいる従業員との間での相互作用
④ 買い手と売り手のシステム，機械および手順との間での相互作用
⑤ 顧客とサービス提供者の物的環境および/もしくは可視的な製品との間の相互作用
⑥ 顧客自身の中でサービスを生産する顧客間での相互作用
⑦ 当該組織，代理機関および顧客の顧客との間での相互作用
⑧ 当該組織と競争相手との間での相互作用

また同様にグメソンも消費者に焦点を置いたネットワークの中で消費者がさまざまな行為者と相互作用する考え方を提起している[17]。このような相互作用プロセスの視点はS-Dロジックのリレーションシップの考え方において継

承されることとなる。このことからグメソンやグルンルースなどの北欧学派の影響を強く受けているといえる。

　さてS-Dロジックについて，先ほどのレポートの事例では，本を購入しても本を借りても，本を自分の知識を用いて読むことをしなければ価値を有しないのである。そして本は作者の知識が適用されたものであり，本を読むことで自分の読解力という知識を用いて自分なりに本の内容を理解し，学習していくのである。この事例の場合には自分の好きな本を読むというよりは担当教員からの課題としてのレポートを読んでまとめ，批判し，提出することで単位の修得が可能になる状況に学生は置かれることになる。つまり，S-Dロジックの視点では，購入した本であっても図書館から借りたサービスとしての本であっても，本を読む段階での読者の知識と作者の知識が相互に適用され価値共創を行うプロセスの視点からすれば，両者に相違はないのである。つまり有形財や無形財としてのサービス（services）は，「プロセス」という視点からはその区別に意味はなく，それらは知識やノウハウの適用を意味する「単数形のサービス（service）」に含まれるのである。

　第2の事例では，私たちが年賀状を作成する際にパソコンの使い方をわからない場合，ウェブサイトで利用方法を知ったり，友達から教えてもらうことはネットワークを通じて自分の知識と他の知識を組み合わせていることを意味している。例えばパソコンの得意なAさんにやり方を聞いた場合と，そうでもないBさんに聞いた場合には，年賀状の作成という問題解決に差が出るかもしれない。こうして知識である「オペラント資源」の統合のあり方は消費者各々のネットワークによって左右されるため，使用場面で消費者独自の文脈価値を発現するのである。

　これに加えて学習塾では，教師が十分な準備をして数学を懸命に教えるが，他方で生徒に学ぶ気持ちがなかったり，予習や復習をしなければ数学の問題を解くことは難しくなる。このため生徒は真剣に授業を聞き，もし理解できなければ，先生や親に質問したり，何度も繰り返して問題を解くことで実際のテストの際に問題をうまく解くことができるだろう。互いに知識を適用し価値を実

現するためには有益な相互作用が求められ，双方に能動的な姿勢が求められるのである。

6. 消費プロセスの解明の意義

　S-Dロジックでは，「プロセス」の視点をもとに消費者の使用の現場に焦点を当て，価値共創の考え方から消費プロセスを明らかにしようとしている。そして企業と消費者は能動的な実体であり，互いの知識やスキル（オペラント資源）を適用して互いに協力することで価値共創がなされると主張されている。この中でS-Dロジックのリレーションシップ概念は，価値共創における企業と消費者が互いの知識やスキルを必要とする相互作用プロセスを重視するものである。その意味では，企業が消費者に働きかけて囲い込み，反復・継続購買を促進するという意味でのリレーションシップということよりはむしろ企業と消費者の相互作用のリレーションシップをその基底にしていることがわかる。こうした相互作用のリレーションシップを通じて「サービスはサービスのために交換される」のである。S-Dロジックはものの考え方，見方である。消費者が能動的な存在として，使用場面で企業とどのように相互作用し，自分の課題解決を行っているかを想像してみよう。

注
1) 本章は平成23年度文部科学省科学研究費基盤研究（B）（研究課題名「わが国企業の文脈価値形成プロセスの解明：サービス・ドミナント・ロジックによる分析」課題番号:23330141 研究代表者　井上崇通）の成果の一部である。
2) Fisk, R.P., S.W. Brown, and M.J.Bitner, "Tracking the Evolution of the Services Marketing Literature, "*Journal of Retailing*, Vol.69, No.1., 1993, pp.61-103.
3) Vargo, S.L. and R.F. Lusch, "Evolving to a New Dominant Logic for Marketing,"*Journal of Marketing*, Vol.68, No.1, 2004, pp.1-17., R.F.Lusch and S.L. Vargo, "The Service-Dominant Mindset," in Bill Hefley and Wendy Murphy (Eds), *Service Science, Management and Engineering-Education for 21st Cen-

tury, Springer, 2008, pp.89-95.
4) Brodie, R.J., "Shifting the Service-Dominant Logic debate to the empirical arena," *Australasian Marketing Journal*, Vol.15, No.1, 2007, pp.67-68, などがある。
5) Vargo,S.L. and R.F. Lusch, *op.cit. Journal of Marketing*, Vol.68, No.1, 2004, pp.1-17.
6) Vargo,S.L. and R.F. Lusch, "The Four Service Marketing Myths: Remnants of a Goods-Based, Manufacturing Model,"*Journal of Service Research*, Vol.6, No.4, 2004, pp.324-335. また井上崇通・村松潤一編著『サービス・ドミナント・ロジック』同文館出版, 2010 年を参考にした。
7) Vargo, S.L. and R.F. Lusch, *op.cit., Journal of Marketing*, Vol.68, No.1, 2004, pp.1-17., S.L.Vargo and R.F. Lusch, "Service-Dominant Logic: What it is, What it is not, What it might be, "in R.F.Lusch and S.L. Vargo (eds.), *The Service-Dominant Logic of Marketing: Dialog, Debate, and Directions*, M. E. Sharpe, 2006, pp.43-56, S.L.Vargo and R.F.Lusch, "Service-Dominant Logic: Continuing the Evolution," *Journal of the Academy of Marketing Science*, Vol.36, No.1, 2008, pp.1-10.
8) Vargo, S.L., R.F. Lusch, M.A.Akaka, and Y.He, "Service-Dominant Logic: A Review and Assessmen," in Malhotra, Narash K.(ed.), *Review of Marketing Research*, Vol.6, 2010, p.129.
9) Hamel, G. and C.K. Prahalad, *Competing for the Future*. Boston: Harvard Business School Press,1994.
10) Vargo, S.L. and Robert F. Lusch, *op.cit.*, M.E.Sharpe, 2006, p.50.
11) Vargo, S.L., P.P. Maglio, and M.A.Akaka, "On Value and Value Co-Creation: A Service Systems and Service Logic Perspective,"*European Management Journal*, Vol.26, Issue 3, 2008, p.146.
12) Vargo, S.L. and R.F. Lusch, *op.cit., Journal of Marketing*, Vol.68, No.1, 2004, p.11.
13) Grönroos, C., "From Marketing Mix to Relationship Marketing: Towards a Paradigm Shift in Marketing," *Asia-Australia Marketing Journal*, Vol.2, No.1, 1994, pp.9-29.
14) Gummesso, E., "Relationship Marketing and a New Economy: It's Time for De-programming," *Journal of Services Marketing*, Vol.16, No.7, 2002, pp.585-589.
15) Davis, F.W. and K.B.Manrodt, *Customer-Responsive Management: The Flexible Advantage*, Camblidge, Blackwell, 1996, p.6.

16) Gliynn, W.J. and U. Lehtinen, "The Concept of Exchange: Interactive Approaches in Services Marketing," in Gliynn, William J. and James G.Barnes (eds.), *Understanding Services Management,* John Wiley & Sons, 1995, pp.96-97.
17) Gummesson, E., "Many-to-many marketing as Grand Theory-A Nordic School Contribution," in R.F.Lusch and S.L. Vargo (eds.), *op.cit.* M. E. Sharpe, 2006, pp.339-353.

第6章　経験価値とリレーションシップ

1. 社会と共に変わり行く価値のあり方

　近年，私たちは経済の発展によってより豊かな社会で暮らすようになり，さらに豊かな価値を求めるようになった。そして，豊かな価値をもつ商品やサービスの購買機会が日常的なものとなり，旧来から存在する商品の価値が低下してきている（具体的に価格の低下，コモディティ化）[1]。こうした価値の豊かさの進歩は常に技術の発展と共に進んできた歴史がある。産業の機械化によるオートメーションによって多くの産業の製造工程に技術革新が起こった。それは短時間・低コストで大量の製品を生み出すことを可能にした。製品を大量に製造・流通・販売することが可能となるシステムが生み出され，社会が豊かになった。

　これに対して消費者は手にすることができる膨大な製品に，より高次の豊かさや価値を求めるようになった。現代では，多くの就業者はサービス産業に就業するか，関係している。初期のサービス産業は主に「自分ではできないこと」「自分はしたくないこと」に対して奉仕することによる価値を生み出した。自分でできないことを提供するサービスは，今日ではその質量共に進化を遂げ，美容師，コンサルタント，デザイナー，パティシエなどの専門的な職業を生み出した。また現代では「時間」への要求が高まり，多くの人々は仕事や業務の一部をサービス業に委託するようになった。それは荷物の宅配，家事の代行，ネットスーパー，室内清掃サービス，夕食宅配などの現代の新しいサービスのニーズへと上昇した。

　こうした膨大な製品の出現とサービス産業が拡大する環境では，消費者はよ

り価値を判断する力をもち，限られた資金をより価値が高いと判断する消費に向け，それら以外のものはより低い価格・コストで獲得しようとする。企業の側も，提供するサービスの中でもより重要なものと重要でないものを区別するようになり，重要でないものは低コスト化・自動化するようになった（電話の自動音声対応システム，ATM，飲食店における自動注文システムなど）。こうした社会や産業の変化の中で，人々が本当に価値を置くものはどのようなものであるのだろうか？

先にあるように，時間への人々の要求の高まりは多くなっている。人々はより良い時間および人生を過ごしたがっている。その中のたった1シーンであるが，子供や妻の誕生日，友人との語らい，結婚式などの人生のイベント，祖母の喜寿の祝い，家族や友人との旅行などがある。この場合サービスというよりも，自分と関係する相手とより思い出に残る，出来事をつくりたい，そのために協力する企業に対価を支払うという認識になる。また，スポーツの試合やオリンピックの観戦，映画館，テーマを毎年変える博物館，海外のアーティストのライブやコンサートなど，開催期限や希少性の高いイベントへの参加も1つとして含まれる。これらは経験(経験価値)と呼ばれる。ここでいう経験とは，過去に行動を通して得た事柄としての経験ではなく，むしろ「今，ここで」自分自身が感じる経験を表しており，ここではあくまでも個人的出来事としての経験から価値を生み出すのは顧客であり，企業は経験としての価値を生み出す支援や場づくりをする。こうした経験は，形のあるモノとして残るものではなく，何かを解決するためのものでもないが，人々の記憶の中に長期的に残るものを生み出すので，高次の価値として評価されているのである。

経験の提供はサービスを介したものだけにあるのではない。ブランド企業が販売する製品は特徴的なデザインを持ったものが多く存在する。これらの中でも消費者がその製品を使用するとき（例えば，車のドア開け閉めするとき，毎日使う食器や家電の取手やつまみ，ボタン，操作音など），製品を使用する使用者がユニークな体験やその使用に対する愛着を感じるようなポイントを備えさせることも1つの経験価値の提供である。Francfarnc，エレクトロラックス，

無印良品, Seria など日常生活にちょっとした潤いある経験の提供によって愛着を生んでいるメーカーもある。またパタゴニアやモンベルのような古くからある人間が自然に向き合う姿勢としてのアイデンティティを製品に埋め込むことによって, 登山家以外の多くの人々に経験価値の一部分を拡散することに成功している。こうした企業の製品に埋め込まれた経験価値が, 製品を使用することによってアウトドア志向というライフスタイルの形成やアウトドアスタイルのファッションをつくっていくことにもなるのである[2]。こうした製品を通じた経験の提供は, 使用者の使用する時間が舞台となり, その製品を使用者が使用してどのような感動や感情, 思い出が生まれるかに焦点が置かれる。製品の使用場面を演出する主体は顧客であって, 企業はそれを支援するための素材を提供するという考え方に立つ。

2. 経験価値とは

1980 年代から消費行動の新しい研究が展開されるようになった。例えば, 音楽の演奏を聞く, 演劇を観る, 絵画を鑑賞するという行為に対してお金を支払うことが挙げられる。こうした行為は, 物を買う行為 (例えば, 食品や洗剤など) とも異なるし, 何かを解決してもらうサービス (車の修理やクリーニングなど) を買う行為とも異なる。こうした行為は何かを手に入れたり, 何かを解決する目的で行われるものではない。ある時間を楽しむ目的や, 感動を得るため, 自分を高めるため, などがしばしば目的となる。こうした消費に関する行動は, 旧来のマーケティングや消費者行動のアプローチで完全に説明することができないということが理解されるようになった。これらの消費行動は「象徴的消費」もしくは「快楽的消費」とも呼ばれ, こうした消費行動における消費者の主観的, 内面的, 体験的な価値の側面に焦点を当てることの重要性が認識され始めた。これらについてホルブルックとハーシュマン[3]は「ある商品に備わった経験の多感覚的な側面およびファンタジー, 感情的な側面などに関係する消費者行動的な側面」として説明している。

(1) 経験経済と 4E

　1999年頃になると「経験」という言葉が徐々に使われ始め、これらの契機となったのがパインとギルモアII世による「経験経済」[4]の概念であった。パインとギルモアII世の事例は、「経験」の価値について説明がなされる時、よく引き合いに出されるものである。それは、コーヒーとそのコモディティ化の事例である。「コーヒー豆は代表的なコモディティである。(豆の種類にもよるが) コーヒー豆はおよそ先物価格で1ポンドあたり1ドルから2.5ドルほどである。カップ1杯に換算すれば、1,2セントである。これを加工業者が豆を挽いてパッケージングし、製品として売り出せば (ブランドによって多少変化するが) 価格は1杯当たり5～25セントになる。さらに、その豆を使って淹れたコーヒーがごく普通のレストランや街角の喫茶店、バーで提供されるときには1杯につき50セントから1ドルになる。だが、同じコーヒーでも5つ星の高級レストランやエスプレッソバーだと顧客は1杯につき2～5ドルを支払う」。彼らはこうした経験価値の進展について、コモディティ (抽出されるもの)、製品 (製造されるもの)、サービス (提供されるもの)、経験 (演出されるもの) として明確に区別している (図6-1)。「特に、サービスと経験についての違いとして、サービスを買うときは、自分のために行われる形のない一連の活動に対価を支払っている。一方で経験を買うときは、思い出に残るイベントを楽しむ時間に対価を支払っている。経験を買うときは、顧客の心をつかむべく、あたかも劇のようにステージングされた経験に対価を支払っている」と説明を加える。その他の価値はすべて買い手の外部に存在しているが、経験は本質的に個人の内部に属している。経験は感情的、身体的、知的、精神的なレベルでの働きかけに応えた人の心の中に生まれる。二人の人がまったく同じ経験をすることはありえない。個々人のその時々の状況がステージングされ、イベントと相互作用する過程で、一つひとつの経験が生まれてくる。これらは「コモディティ」→「製品」→「サービス」→「経験」とカスタマイズされ、進化していき、消費者ニーズへの適合度を高めていき、同時に設定される価格も上昇していく。しかし、一方で競合他社の模倣や、それによる同質化によって差別化が失われ、コモディ

図6-1 経済価値の進展と退化

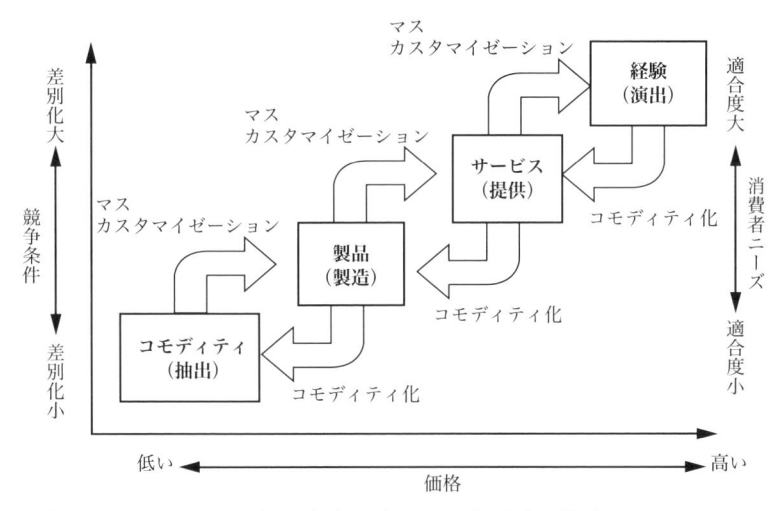

出所）Pine and Gilmore（1999）翻訳書，123頁を参考に作成。

ティ化が起こることによる価値の喪失も生じることになる。

　パインとギルモアⅡ世はまた，経験をあざやかに演出する方法として4Eを示した。4Eとは①エンターテイメント（娯楽），②エデュケーション（教育），③エスケープ（脱日常），④エステティック（美的）であり，これらのどれか1つに焦点を絞る，もしくは2つ以上の経験を組み合わせることによって，よりあざやかな経験が演出できる。

　エンターテイメントは，音楽や映画，スポーツなどを観戦・鑑賞することによって楽しみや喜びを得る経験である。エンターテイメントとして娯楽を提供するテーマパークなどの産業は古くからあり，最もメジャーな経験の形である。

　一方で，エデュケーションは，体験や対話を通してある一定の学びを獲得することである。例えば食物をつくり，食事をすることから食の大切さを学ぶ食育がそうである。三重県のモクモク手作りファームでは，全国食育交流フォーラムを開催し，日本独自・地域独自の食を中心にした暮らしに注目し，つくる技術，食べる技術，伝える技術としての食育を考える機会を提供する。参加者

が世界で注目される日本の伝統的な食環境について食育の視点から学び，分かち合い，伝えていく力をつけることを目的としている。また，教育の世界においてもより楽しみや遊びの要素を取り入れながら学習の質と量を向上させるエデュテイメントも注目されてきている。

エスケープは，自分が参加者となって特に関わる経験であり，テーマパークやアトラクションがこれに含まれる。大阪にある USJ（ユニバーサル・スタジオ・ジャパン）では，2014 年から新しく，ハリーポッターの魔法の世界のアトラクションを建設した。これらは本や映画の世界だけの物語を実際にリアルに体験できるような空間をつくるというものである。映画に登場したホグワーツ特急駅，ふくろう郵便局，魔法の用具店，バタービールを販売する屋台，オリバンダーの杖店などが忠実に再現されている。中でもギフトショップを兼ねている店では，売られている物，店員を演じる人およびその言葉づかい，空間や装飾などすべてが物語に沿った表現に統一され，まるで来場者が物語の中に引き込まれたかのような現実感をつくりだす。

最後に，エステティックは，その場所にいることによって空間からの現実的な価値をつくることである。その価値は人工的に作られたものであっても良い。日本の最北端である宗谷岬に立つと，北にはサハリンが見え，北方からの強く冷たい風が吹いてくる。ここに訪れる観光客は意外に少なくなく，稚内駅を始めとする建物は綺麗に整備されている。宗谷岬にある土産物屋にある流氷館に入ると，マイナス 10 度の気温が体感でき，そこには流氷がたくさん置かれてあり，その上にはアザラシや鹿，狐，ペンギンなどの剥製のようにリアルな動物が飾ってある。実際に流氷に触れその冷たさを肌で感じることができる。

（2）経験価値マーケティング

同じく，シュミットらによって経験の重要性が示されたのが「経験価値マーケティング」であった[5]。シュミットは，伝統的なマーケティングは機能的特性と便益に偏っており，そのため競争を狭いカテゴリー内に定義してしまっている。また，消費者を理性的な意思決定者としてみなしている点，分析手法が

分析的・計量的・言語的に偏りがちであることを批判し，より記憶に残る，価値のあるブランド経験から生じる感覚的，情緒的，認知的連想を見落としていることを指摘する。シュミットは経験価値マーケティングを「顧客との絆をつくる顧客に焦点を置いたマーケティング」であるとした。また経験価値マーケティングの焦点である「経験価値」とは，感覚 (sense)，感情 (heart)，精神 (mind) への刺激によって引き起こされるものであり，企業とブランドとを顧客のライフスタイルに結びつけ，顧客一人ひとりの行動と購買状況をより広い社会的コンテクストの中に位置づけるものとした。さらに，経験価値はブランドの消費プロセスとして，製品の購買後や使用時点を重視しており，消費経験を通じた顧客満足やブランド・ロイヤルティへの影響に焦点を当てる。経験価値マーケティングの基礎を成すのが，戦略的経験価値モジュール (SEM) であり，5つの構成要素から成り立っている。5つの要素として SENSE (感覚的経験価値)，FEEL (情緒的経験価値)，THINK (認知的経験価値)，ACT (行動的経験価値)，RELATE (関係的経験価値) がある。

　SENSE は，視覚，聴覚，触覚，味覚，嗅覚を通じて，感覚的経験価値を生み出すために五感に訴求する。これらは，さまざまな企業や製品を差別化し，顧客を動機付け，製品に価値を付加するために用いられる。FEEL は，ブランドと結びついたどちらかといえばポジティブな気分 (主に低関与商品：非耐久財である食品・日用品ブランド，サービス，産業用品) から，喜びや誇りといった強い感情 (主に高関与商品：耐久消費財, ハイテク製品, 社会的マーケティングキャンペーン) までの情緒的経験価値を生み出すために，顧客の内面にある情緒や感情に訴求が行われる。こうした感情のほとんどは消費のプロセス中で起こるものである。THINK は，顧客の想像力を引き出す認知的，問題解決的経験価値を通して顧客の知性に訴求する。また，驚き，好奇心，挑発といった感覚を利用して，顧客に集中的思考と拡散的思考をさせるように訴求する。ACT は，肉体的な経験価値，ライフスタイル，他の人との相互作用に訴求することを目的としている。これらは，顧客の身体的な経験価値を強化したり，これまでにない新しい方法を用いて顧客に経験価値を提供したり，今までとは違うライフスタ

イルや他の人々との相互作用を取り上げることにより，顧客の生活を豊かにする。最後にRELATEは，個人的な情緒を対象にするだけではなく，自分の理想像や他の人，あるいは特定の文化やグループに属しているという感覚を個人にもってもらうためのアプローチである。SEMアプローチの新しい点は，このような社会的な経験価値を取り入れたことである。RELATEのキャンペーンでは，個人の自己実現（例えば個人が憧れる理想像など）に訴求することがある。他者（仲間，ガールフレンド，配偶者，家族，同僚など）に好意的に受け入れられたいという欲求に訴求する。またより個人と幅広い社会システムが結び付けられ，強いブランド・リレーションシップやブランド・コミュニティも構築される。

3. 経験を演出する場としての顧客接点

　顧客が企業の製品やサービスを購買して使用するプロセスには，大きく分けて購買前，購買時，購買後の3段階に分けられ，それぞれには，いくつかの顧客が接する場があり，そこでは経験をデザインすることが可能である。
- ・購買前段階：広告，PR，ウェブサイト，ソーシャルメディア，ダイレクトメール，クーポン，サンプリングなど
- ・購買時段階：製品のパッケージング，POP，店内の雰囲気・デザイン，店内広告など
- ・購買後段階：パッケージのデザイン・性能，顧客サービス，ニュースレター，ロイヤルティプログラム　など

　顧客接点は，消費者に経験を喚起させる場として機能することができる。こうした顧客接点における経験は，統一的に管理されている必要がある。特にサービス業における経験のデザインにおいては，この統一は非常に重要となる。例えば，医療サービスは，1つの一連の大きな経験を統合的にデザインし，管理することができる可能性がある。医療におけるプロセスには多くの人々が患者との関係をもつ。例えば，病院で診察を受けることを思い出してみよう。車を

駐車場に止め，ゲートをくぐり，受付で書類に記入する（もしくは担当課を選ぶ）。課の受付で症状を説明し，血圧や体温などの簡単な検査を受ける。順番を待ち，医師による診察を受ける。その後必要であれば，他の課でより細かな検査を受ける。最後に会計を済ませて，薬が必要な場合は薬局へ向かう。ゲートを出て駐車場へ向かう。大方このようなプロセスをたどる。あなたのかかりつけ病院ではどの接点での経験で問題があると感じるだろうか？ あくまでもこうした接点における経験は，患者が主観的につくりあげるものである。より良い患者の経験をつくりあげることは，より高い心理的な満足を生むだけでなく，患者が主体的に参加し，治療に協力することによって治療の成果を向上させることができる。こうしたよい経験を生む場やルールづくりのためには患者の協力，学習も重要な要素となり，また病院や医師に対する信頼などリレーショナルな側面も大切である。こうしたより良い場を通じて患者はより良い成果と経験を得ることができる。

このようにプロセスが複雑で，関係者が多くなればなるほど，それぞれの場面でサービス企業のブランドの一貫したメッセージを伝えることが難しくなる。こうした複雑な顧客の視点からより良い経験を導くような形として統合的に管理することが重要となる。

4．リレーションシップを通じた経験価値の共創

旧来のマーケティングの視点では，消費者はただ企業から与えられた商品を購買する消費者であり，企業は特定の消費者をターゲットとして，一方的に価値を提供してきた。また間に存在する流通企業もメーカーが製造した製品を効率的に消費者に流通させるという補助的な価値の促進者として位置づけられる向きもあった。近年，北欧を始めとするリレーションシップ・マーケティングの研究から，消費者は企業とお互いに対話することによって価値を共創する存在であるという認識が広がっている[6]。

ディズニーランドを運営するオリエンタルランド成功させたキャラクター

にくまのぬいぐるみ「ダッフィー」がある[7]。ディズニーのキャラクターは通常，映画の登場キャラクターであることが多く，最初からストーリーが準備されてあるものがほとんどであるが，ダッフィーは映画用のキャラクターとしてつくられたものではなく，日本のテーマパークから生まれたものである。当初は全くコンセプトやストーリーが無い状態であり，10年をかけてウェブサイトやテーマパーク内での訴求によってブランドづくりをしてきた。特にテーマパーク内ではダッフィーのストーリーやキャラクターをつくるために東京ディズニーシー内に「遊び場」としてのダッフィーのぬいぐるみ撮影スポットを設けた。この場に来場者が集まりだすと，そこで来場者は新しい撮影以外の遊びや，その場に友人や家族と行くことの意味を新たに自分たちでつくりだすようになった。そこでは，自分のダッフィーのぬいぐるみを持ち込み，専用のスポットに置いて，人ではなくぬいぐるみだけを撮影するというような，いわばダッフィーを愛する者たちの儀式のような形で撮影が行われ，その行いに参加者は満足する。さらに自分のダッフィーのぬいぐるみに手作りのコスチュームを作って着せて，それを持ち歩いてテーマパーク内を歩く人が現れ始める現象へと進んでいく。実際にオリエンタルランドは，そこから新たなストーリーや商品開発のアイデアを得ることができ，より参加者が自分自身のキャラクターへの愛着や，キャラクターとの思い出，そしてテーマパークでの経験づくりを発展的に創造しやすいよう手助けするために，モノとしての商品や撮影などの楽しい場作りを進めていくことの重要性を認識している。これは先述の，価値は消費者が中心に主観的につくりあげるものであり，企業は価値をつくるための支援や場づくりをすることによって経験価値を導く役割をするという考えにも通じる。

同様に，近年では小売店においてもメーカーが製造した製品をただ店に陳列し，消費者と取引をするという役割から，いかにメーカーの製品（もしくは小売ブランドの商品）を店内で生き生きと魅せ，来店した顧客を楽しませ，消費者の購買における付加価値を共創するための支援や場づくりをする役割へと視点が変わってきている[8]。米国では，リテールテイメントという言葉が

1990年代後半から生まれた。これは単なる物販に「娯楽」や「おもてなし」という要素を付加するという意味がある。この考えの背景には，これまで流通はメーカーの製品の排出口であるという考えに対するアンチテーゼが含まれている。

5. 売り場における経験価値のデザイン ―イオンモール幕張―

　ショッピングセンターでは，通常各テナントとして大型の小売店舗を配置し，専門店ゾーンには物販・ショップ関連，マッサージなどのサービステナントを入れていた。近年ではイオンモールのように体験型テナントを導入する動きが活発化している[9]。例えば，イオンモールつくば（茨城）では，地元の農産物直売所と地元の農産物を使ったレストランがあり，市場のような店内では地元の野菜や加工食品が並べられている。また犬を遊ばせることができる「ドッグカフェ」，フットサルができるコートを備えた総合スポーツ施設，キャンピングカーの購入・レンタルの店などがテナントに入っている。イオンモールでは，店舗による物販に加えて，「体験型のコト消費」に力を入れている。こうしたイオンの考えを具現化する象徴的な店舗として開発されたのがイオンモール幕張新都心（千葉）である。

　イオンモール幕張新都心では，「夢中になれるコトに出会い，新たな欲しいモノを発見する」をコンセプトに，主に食，触れ合い，スポーツ，エンターテイメントなどの体験をコトとして提供している[10]。モールは大きく4つの建物に別れ，それぞれがデッキでつながっている[11]。スポーツを体験として提供する代表的なテナントとしてスポーツオーソリティがある。スポーツオーソリティの店内では人口の岩盤を登るスポーツであるボルダリングを体験できる「ウォール」を売り場に設けている。そこでは愛好家だけでなく，子供用のウォール，初心者用なども設置されている。また屋上にはインドアテニスコートやナイター設備を完備した人工芝の本格的なフットサルコートがある。ここではジュニア向けのスポーツスクールとして，地元クラブのサッカースクール，マッ

ト，鉄棒，跳び箱，縄跳びを含む「根本わくわく体操教室」，熟年向けのストレッチ体操「楽スト」などがある。店内には，男女それぞれ50名のロッカー，4箇所のシャワールームを完備し，シューズ，ウェア，タオルのレンタルも行っている。

また，エンターテイメントとしては，「よしもと幕張イオンモール劇場」「東映ヒーローワールド」や，子供ための仕事体験ができる「カンドゥー」がある。よしもと幕張イオンモール劇場は，吉本興業が運営する9番目の直営劇場であり，人気芸人のお笑いライブ，アイドル公演，ダンスパフォーマンスなどが毎日3回，日替わりに行われる。また当劇場からのテレビ番組が中継され，エンターテインメントの発信も行う。さらに，芸人やタレントによる「笑って学べるカルチャースクール」を企画，多彩なワークショップに顧客が体験し，参加することができる。

東映ヒーローワールドは，主なターゲットを小学生男児としており，歴代の東映特撮ヒーローの世界観の中で「見る・遊ぶ・知る・食べる」を体験できる。東映の作品制作で実際に使用された貴重な撮影用スーツや小道具の展示，特撮ヒーローになって体験できる独自開発のアトラクション，オリジナルフードやドリンク，物販コーナーなどで構成されている。

子供のための職場体験ができるカンドゥーはキッザニアの創設者が新たに手がけた施設であり，レストランとパビリオンを融合させ，シニア層も楽しめる工夫が施されている。施設内は6つのゾーンに分かれ，そのなかに警察署，銀行，航空会社，ラジオ局，ファッションモデルなど約35種類の仕事体験ができる「ベニュー」，家族みんなでゆっくり食事が出来るレストランによって構成されている。

イオンモール幕張新都心は，約350店あるテナントのうち約三分の一が体験型のコトを提供している。インターネットで欲しいものを簡単に探して，購入することができる現代において，販売やサービスを提供する企業だけでなく教育や医療といった業界においても，こうしたイオンモールの新しい取り組みから学ぶことは多くあるだろう。

注

1) もちろん商品やサービスの価値はこれらの要因だけでなく，その希少性や需給の変動など社会経済・環境的な要因によっても決定される。
2) ライフスタイルの形成については第10章で詳細に記述される。
3) Holbrook, Morris B. and Elizabeth C. Hirschman, "The Experiential Aspects of Consumption: Consumer Fantasies, Feelings, and Fun, *Journal of Consumer Research,* 9 (September), 1982, pp.132-40.
4) Pine, Joseph B. and James B. Gilmore, *The Experience Economy,* Boston: Harvard Business School Press, 1999. (B.J. パイン，J. H. ギルモア著，岡本慶一，小高尚子訳『新訳 経験経済』ダイヤモンド社，2005年)。
5) Schmitt, Bernd. H., *Experiential Marketing,* New York, Free Press, 1999. (バーンド.H.シュミット著，嶋村和恵，広瀬盛一訳『経験価値マーケティング』ダイヤモンド社，2000年)。
6) 顧客は価値共創者であるという認識をもち，「サービス・ドミナント・ロジック（S-Dロジック）」がバーゴとラッシュによって提唱された（第5章を参照）。そこでは製品は企業から消費者に投げかける価値を入れる容器として認識する。顧客その容器を開け，取り出した価値を自分の文脈に当てはめ利用する（アレンジする）。
7)『チェーンストアエイジ』ダイヤモンド社，2013年5月15日号。
8) これらはますます大規模化し，ブランド化する小売企業のパワーと自社で小売ブランド商品を製造し，販売まで手がける小売企業のビジネスの変化により加速化している。また，小売企業は商品販売業というよりも，サービス業，エンターテイメント（経験）産業へと進化をしていることが現象からも見られる(cf. 岡山武史「サービス・ブランディング」松井温文編著『サービス・マーケティングの理論と実践』五絃舎，2014年，59-73頁)。また，観光業他や都市のブランディングにおいても経験価値が注目されるようになっている（cf. 岡山武史「京都ブランド」成田景堯編著『京都に学ぶマーケティング』五絃舎，2014年。)
9)『チェーンストアエイジ』ダイヤモンド社，2013年5月15日号。
10)『販売革新』商業界，2014年2月号。
11) 4つのモールはそれぞれ，グランドモール(GRAND MALL：「大人」のライフスタイル提案)，ファミリーモール(FAMILY MALL：「ファミリー」のライフスタイルの提案)，アクティブモール(ACTIVE MALL：スポーツ＆家電のライフスタイル提案)，ペットモール(PET MALL：「ペット」のライフスタイル提案）であり，従来型のモールと異なり，消費者のライフスタイル提案によって施設を構築しているところが新しい。買い物に来る消費者を目的によってスムーズに誘導，またその場での出会いの誘発を促進することに効果的である。ライフスタイルについては第10章を参照のこと。

第7章　インターネット環境のリレーションシップ

1. 私たちの生活とインターネット

　インターネット技術は私たちの生活に密着している。普段インターネットがどの程度密着しているのか，夏休みに旅行に行く際を例に考えてみよう。

　旅行に行く前の準備として，そもそも行き先自体を決めるのに，これまでの旅行者の口コミを検索する，行き先が決まったらホテルや飛行機・電車を予約する，お勧めの観光地やお店を調べておく。こうしたことは私たちの生活の中で当たり前のように行われるようになっている。さらに，事前に調べるだけでなく目的地に到着してからインターネットを活用することも可能だ。現地では，天気や地図を確認したり，交通機関を検索したりすることも多いのではないだろうか。同時に，撮った写真をすぐにソーシャルメディアにアップして友人と共有したり，旅行から帰ってきたら感想を口コミサイトにアップしたりした経験をもつ人もいるだろう。

　総務省通信利用動向調査によるとインターネットの利用人口は右肩上がりに増加している。平成24年度末時点での日本国内でのインターネットの利用者数は9,652万人にのぼり，人口の79.5％がインターネットを利用しているという（図7-1）。

　リレーションシップ・マーケティングの分野においても，こうしたインターネットの普及は注目されている。

　例えば，自動車メーカーのマツダ株式会社では，MAZDA WEB MEMBERS[1]という会員制サイトを運営している。このサイトでは，マツダ車オーナー以外も会員になることができ，掲示板などを通じてコミュニケーションができ

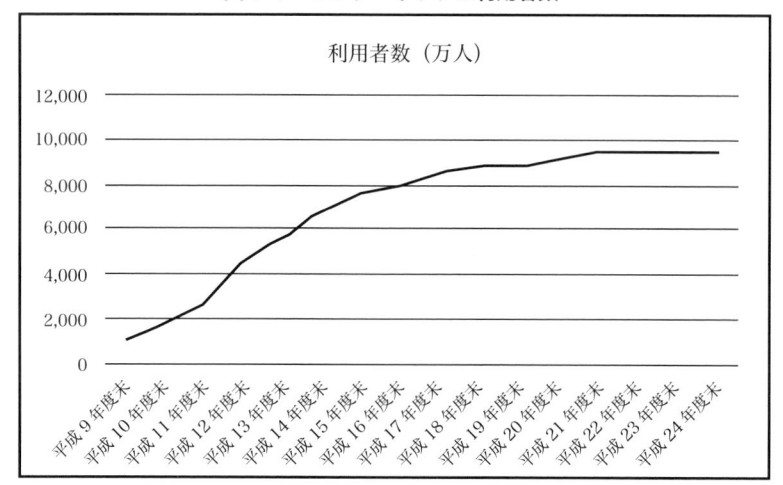

図7-1　インターネットの利用者数

利用者数（万人）

（平成9年度末～平成24年度末）

出所）総務省通信利用動向調査。http://www.soumu.go.jp/johotsusintokei/field/tsuushin01.html

る他，オーナー限定で愛車をPRするコンテンツ，オーナー限定の掲示板などが設置されている。

　株式会社ユニクロではインターネット上でUNIQLOOKS[2]というファッションコミュニティを提供している。これはユニクロの服を取り入れたコーディネートをメンバーがアップしたり，お互いにコーディネートをみて評価をしあったりすることのできるコンテンツである。UNIQLOOKS自体，facebookとも連動しており，facebookのアカウントさえあればログインすることが可能である。さらにコーディネートを見ていて気に入ったアイテムはそのままオンラインショッピングすることもできる。

　このように，消費者との関係性についてインターネットを通じて結ぶことでマーケティングに生かそうとする試みは多くの企業で行われている。本章では，なぜインターネットというメディアがリレーションシップ・マーケティングに利用できるのかを考えた上で，どのような方法があるのかを紹介したい。

2. リレーションシップ・マーケティングと情報技術の発達

　もともとリレーションシップ・マーケティングは，産業財，サービス財の分野で進展してきたといわれている。なぜなら，関係を結ぶためには相手の顔が見えなければならないからである。

　商品を購入しそれを再販売したり加工して別の商品にしたりするのではなく，最終的に商品を使用する消費者のこと，すなわち私たちのような消費者のことを最終消費者と呼び，私たちの購入する商品を消費財と呼ぶ。消費財メーカーは通常卸売業者や小売業者のような流通業者を通して，最終消費者に自社製品を届ける。

　そのため長い間，最終消費者は識別困難で，関係性の構築に必要な顧客との直接的なコミュニケーションは困難であることが指摘されてきた[3]。

　しかし，90年代半ばに入り情報技術の発達，特にインターネットの出現や顧客管理システムの発達により，消費財メーカーにとって，最終消費者，さらには自社の顧客である最終顧客を識別することが容易になった。そのことによりリレーションシップ・マーケティングの考え方が消費財にも適用されるようになる。

　例えば，情報技術を利用して最終顧客を識別し，ダイレクトメールをはじめとする直接的なコミュニケーションをとるダイレクトマーケティングや，顧客情報を分析して，それぞれの顧客にあった商品提案や個別サービスを提供するデータベースマーケティングといった関係構築によるマーケティングなどがその施策としてあげられる。

　その中でも私たちの生活に身近なものにフリークエントショッパーズプログラム（Frequent Shoppers Program：FSP）がある。これは，航空業界のマイレージプログラムに代表されるような購買頻度の高い消費者に対し，特典をつけたり，特別なサービスを提供したりするといったプログラムである[4]。

　こうしたプログラムは成果として顧客のブランドロイヤリティを向上させる

ことを目的としているためロイヤルティプログラムとも呼ばれる。ブランドロイヤルティとは，ある特定の製品ブランドに対する反復購買を引き起こすものの事を指す。読者も一枚くらいはコンビニなどのポイントカードをもっているのではないだろうか。実は，ポイントカードの裏側にあるのはこの仕組みである。具体的にはカードを発行する際に個人の情報を登録してもらい，購入ごとにカードを提示してもらうことで，顧客情報と購買履歴を紐付けした上でポイントを付与する。その後，ポイントを利用してもらう，顧客情報を利用したプロモーションを行うといったことを通じて，来店や再購買につなげるようなフォローを行うという仕組みである。

　近年ビジネス誌や新聞，書籍でよく目にされるビッグデータ，その名の通り膨大なデータが集められるようになったのは，こうした情報技術の発達による。購買履歴や顧客属性に関する膨大なデータを分析して，商品の陳列方法を変えたり，顧客へのおすすめを行ったりすることができるようになった理由のひとつには，ポイントカードによってこれまではわからなかった詳細な個人のデータが収集できるようになったことがあげられる。

　しかし，ここまで紹介したリレーションシップ・マーケティングの方法にも課題は存在する。

　ここまで紹介をしてきた，情報技術を利用したリレーションシップ・マーケティングにおいては，消費者との関係性を構築することによって顧客のブランドロイヤルティを高め再購買につなげることが成果として考えられてきた。しかし，リレーションシップが結べたからといって直ちに成果につながらない場合がある，常に消費者とリレーションシップを結べるわけではなく関係を結べるほうが珍しいケースである，というように，単に顧客が識別できて特別なフォローができればそれでよい，という考え方には注意が必要であるという指摘がなされている。例えば，成果として考えられるブランドロイヤルティの構築について，例えばポイントの付与などを通じて再購買のみを促すだけで，本当にその企業・ブランドに対する愛着が生まれていないのであれば，今後もっとポイント率の高い企業が現れれば顧客は簡単にそちらにスイッチしてしまうだろ

う。さらに，消費者にとっては「特別なフォロー」がかえってわずらわしいものになることがありうる。例えば，頻繁に送られてくるフォローメールに辟易したことがあるひとも多いのではないだろうか。

　こうした問題に関するある研究の結果では，企業がリレーションシップ・マーケティングの実施をデータベースに頼りきり，データベースマーケティングを行った結果，実施企業の55％しか成果をあげられていないという結果を提示している[5]。さらに別の研究では，収集した情報をもとに自社データをカスタマイズするのに注力するだけにとどまったり，ロイヤリティプログラムを運営することだけに力を注いだりすることだけでは不十分であることを指摘している。具体的にはそれを消費者がどのように捉えているかを考慮しないと，結果として消費者が離反行動を起こすという事例を紹介している[6]。それでは，こうした限界をどのように乗り越えたらよいのだろうか。

　それには主に二つの方策が考えられるといわれている。第一に，ブランド自体との関係性の構築を構築するというもの，第二にコミュニティを利用した関係性の構築する，というものである。以下では事例をもとに，この点について解説をする。

3. インターネットを利用したブランドリレーションシップの構築

　ブランドとの関係すなわちブランドリレーションシップの構築というのは，その名の通り企業と消費者が直接，関係性を結ぶのではなく，ブランドと消費者の絆を作り上げること，ブランドに対する好意的な感情をもつ消費者を育てることが最終的には企業と消費者のリレーションシップにつながる，という考え方のことである。

　皆さんもこれまでにさまざまなブランドを使用した経験があると思う。その中で自身の生活にとって欠かせないブランド，思い出深いブランドというのはないだろうか。

　例えば，幼いころにお母さんが使っていた化粧品のブランド，中学高校時

代に頑張っていた部活ではいていたシューズのブランドなどを，大人になってから選んだという経験はないだろうか。私たちが感じるブランドに対する愛着や親しみといったポジティブな態度のことを感情型ブランドコミットメント，愛着を超えてこのブランド以外には考えられないといったような態度のことを陶酔型ブランドコミットメントと呼ぶ[7]。感情型ブランドコミットメントや陶酔型ブランドコミットメントを醸成するのにとどまらず，そこからブランドとの関係性につなげ長期的に顧客を維持しようというのがブランドリレーションシップという考え方である。

　ブランドリレーションシップの構築にはさまざまな方法があるが，そのひとつの方法がブランドにある種の「人格」を与え，それらとの相互作用を考えるという方法である[8]。この点について，インターネットを活用してブランドリレーションシップを構築した事例から考えたい。

　大丸松坂屋百貨店（以下大丸松坂屋）では，「さくらパンダ」[9]というピンク色のパンダのイメージキャラクターを通じた顧客との関係性の構築を目指している。さくらパンダは桜模様のパンダのキャラクターで，語尾に「～まつぅ」がつくのが特徴である。

　さくらパンダは2007年に誕生した比較的新しいキャラクターである。はじめは上野松坂屋の改装オープン記念キャラクターだったが，その人気から2010年に経営統合した大丸松坂屋の公式キャラクターへと昇格した。さくらパンダは，キャンペーンやイベントに登場したり，キャラクターグッズが発売されるだけでなく，自身の名義でブログを書いたり，facebook，twitter，LINE，YouTubeといったソーシャルメディアのアカウントを開設して消費者とコミュニケーションをとっている。その中で自身が登場するキャンペーンやイベントの話題に触れるのである。

　はじめはそのかわいらしさからさくらパンダにファンができ，さくらパンダがイベントに登場する情報が流れるとファンが集まるようになった。それにとどまらず，キャラクターグッズや他社とのコラボレーションアイテムが発売され，一般の人々の中でも知名度，認知度が徐々に上がってきた。

最近ではさくらパンダとの関係だけでなく大丸松坂屋との関係も醸成している。例えばLINEを使ったキャンペーンとして，まず友だち登録を条件にさくらパンダスタンプを配布した。その上で，オリジナル文具のプレゼントをLINE画面と1,000円以上のレシートの提示を条件に行ったところ，8,200人が参加，レシートの合計金額5,400万円，一人当たり6,500円以上の売り上げがあったそうである[10]。単にさくらパンダグッズがほしいのであれば，1,000円購入すればよいにもかかわらず，なぜそれを上回る売り上げがあったのだろうか。それにはキャラクターへの愛着が大丸松坂屋への愛着につながり，大丸松坂屋で商品を買おうと思ってもらえたからこそ，売り上げにつながったことが示唆される。さらに，さくらパンダとのコミュニケーションがインターネットを通じて行われたことが，生まれて間もないキャラクターにもかかわらずこれだけのファンを生んだことも成功の要因としてあげられるだろう。

このように，ブランドリレーションシップ概念を取り入れることで，従来のリレーションシップ・マーケティングの限界を乗り越えようとする動きがある一方で，ほかの解決策を提案するものがある。それが第二にあげたコミュニティを利用した関係の構築である。

4. インターネットを利用したブランドコミュニティの構築

特定のブランドの顧客が集まるコミュニティをブランドコミュニティと呼ぶ。ブランドコミュニティ自体はバイクメーカーであるハーレーダビッドソン株式会社の「ハーレーオーナーズクラブ」など以前から存在する「ブランドファンクラブ」はインターネットの出現によって，格段に形成しやすくなった。なぜなら同じブランドのファン同士が交流するには地理的な制約がどうしても存在するからである。

例えば自分の好きなブランドを同じように好きな人が身近にたくさんいればよいが，多くの場合はそうした仲間になかなか出会うことは難しい。

しかしインターネットを利用することによって，これまでリアルの世界では

なかなか出会うことのなかった同じ製品・サービスを利用するファンを探し出し，そうした人同士でコミュニケーションをすることが容易になった。加えて企業とのコミュニケーションも容易になった。

さらに，企業としても，自社のブランドのファンを見つけやすくなり，かつブランドコミュニティをインターネット上で形成することは，リアルでブランドコミュニティを運営するよりコストがかからないという利点がある。

ブランドコミュニティの目的は，企業―消費者間のコミュニケーションと消費者間コミュニケーションを行う場（コミュニティ）を作り，その中でのコミュニケーションを通じて関係性を構築し，感情的・陶酔的ブランドコミットメントを深めようとするものである。この点について，インターネットを活用したブランドコミュニティの事例から考えたい。

化粧品メーカーの株式会社コーセーでは，高級化粧品ブランドであるCOSME DECORTE（以下，コスメデコルテ）のファン向けコミュニティサイトCafé de COSME DECORTE（カフェ ド コスメデコルテ）を運営している[11]。2013年にオープンしたこのファンサイトでは，会員登録を行うと，商品の口コミを投稿したり，情報交換を行ったりすることができる。具体的には商品後との口コミ，ユーザー同士が交流できる掲示板の設置，ならびに「コスメデコルテとの出会い，そして現在に至るまでのエピソード」「リポソーム（美容液）と私」のなどのテーマにそった投稿募集などを行っている。加えて，ログインや顧客との交流を行うとポイント（エレガントポイント）がたまり，商品発表会への参加や会員限定のイベントに参加できるようになっている。

このサイトが立ち上げられたきっかけは顧客の声をダイレクトに集めたいということだけではなく，顧客同士でお勧めの美容法やアイテムを紹介しあうことで「みんなで更にキレイになっていけるサイト」にしたいという思いがあったそうである[12]。Café de COSME DECORTEでは，コスメデコルテというブランドの感想や美容法をお互いに共有しあう場を企業が提供することで，さらにコスメデコルテのファンになり，コミュニティと企業が関係を結ぶことが目指されている。

化粧品全般に関するコミュニティサイトは@cosme[13]をはじめ，多くのサイトがあるなかで，Café de COSME DECORTE というブランドコミュニティにはどんな強みがあるのだろうか。第一に，コミュニティ自体をメーカーが運営をしているため，商品発表会などの特別なイベントに招待するなどのメーカーにしかできないコンテンツを提供することができる。このことで，コスメデコルテファンは自身を「特別扱い」してもらえたと感じ，感情的・陶酔的ブランドコミットメントを深めることができる。

第二に，「単にコスメデコルテを購入した」人の口コミではなく，「コスメデコルテファン」の商品口コミや美容法の情報交換，コミュニケーションができるようになっているため，ブランドのファンとしてはより有益なコミュニティになっている。このコミュニティの中で自分と同じブランドのファン同士で交流することがコミュニティへの絆，ひいてはブランドへの絆につながることが期待される。

第三に，ユーザーの「アイケアマスクを発売してほしい」という声にこたえた商品開発など，メーカーに声をダイレクトに届ける機能も果たしている。

こうした，ブランドコミュニティは必ずしも企業が開設する場合だけではない。例えばパソコンや最近ではiPhoneで有名なアップル社の事例を紹介する。アップル社は1990年代に「Newton」という携帯情報端末を販売していた。しかしその後この商品は販売終了となった。しかし，Newtonユーザーたちは，インターネット上でコミュニティを立ち上げ，ユーザー同士で製品の使用についてサポートをお互いに行っている[14]。

このようにメーカーがフォローしきれない「アフターサービス」を提供する場合もあるのである。

ここまで，インターネットを利用したリレーションシップ・マーケティングの方法について紹介をしてきた。以下では，インターネットメディアの変化とマーケティング手法の変化について紹介をする。

5. インターネット技術の進化とリレーションシップ・マーケティング

　本章では，インターネットというメディアを利用したリレーションシップ・マーケティングについて，ダイレクトマーケティング・データベースマーケティングからインターネットを通じたブランドリレーションシップの構築，ブランドコミュニティの構築について紹介をしてきた。その中では，単に顧客にとって金銭的なメリットだけを追求したリレーションシップ・マーケティングの限界を指摘し，顧客にとって感情型・陶酔型ブランドコミットメントを醸成するような施策が必要であることを述べてきた。

　最後に，インターネット技術の進展，特にメディアの変化について触れたい。

　初期のインターネットを活用したリレーションシップ・マーケティングでは，情報システムの活用，さらには消費者向けの施策として自社サイトを通じたマーケティングが行われていた。例えば，自社サイトでメールマガジンに登録してもらい定期的に情報を流すといった方法である。

　その後，自社サイト内に会員制のサイトを設けるという動きが出てきた。例えば自社サイトでオンラインショッピング機能を提供しようとする場合，当然顧客情報を登録してもらわなければならない。その顧客情報の登録を会員登録という形で行ってもらい，次回からより便利に使ってもらうことができるようになる。さらに，オンラインショッピング機能がなくても，会員登録をしてもらい特別なサービスを提供することで，顧客と関係を結ぶ，さらには会員内のコミュニケーションを促すようなコミュニティを形成することなどが行われてきた。

　現在では，ソーシャルメディアの発達により，自社サイトの中だけですべて完結させるのではなく，外部サイトとの連携ということが意識されている。ソーシャルメディアを利用することで，企業は1からサイトを立ち上げなくてもよいためコストが安く済むことが多く，すでにソーシャルメディア内にいる会員に対して，サイト自体の宣伝に労力を使わなくてもよいというメリットがあ

る。消費者にとっても会員登録の手間が省け，さらに自身の興味関心のあるコンテンツを見つけやすくなっているというメリットがある。

　ただ，あくまで外部サイトのため，企業にとっては収集できる顧客情報や提供できるコンテンツに制限が出る場合がある。また消費者にとって気軽に参加ができることで，本来の意味でのブランドのファン以外が集まってしまう可能性も無視できない。したがって，目的に合わせた使い分けが必要であるといえるだろう。

　さらに，インターネットに接続するメディアもパソコンから携帯電話，スマートフォンへと変化している。パソコンでのインターネット接続は限られた場所で行われていましたが，携帯電話，スマートフォンの登場によりいつでもどこでもインターネット接続ができるようになっていることも，大きな変化といえるだろう。最近ではO2O（オンライン　トゥ　オフライン）と呼ばれるウェブ上での情報提供やコミュニケーションをリアルでの購買に生かすという手法にも注目が集まっているが，これはよりリアルタイムで情報提供，コミュニケーションができるようになったことでよりいっそう今後は重要になっていくだろう。

　この章では，ブランドリレーションシップ，ブランドコミュニティというリレーションシップ・マーケティングの方法を紹介してきたが，これらの手法が万能であるかといわれるとそうではない。

　ブランドリレーションシップを構築するには，それぞれの顧客とのブランドリレーションシップの構築が必要となる。基本的にはブランド（企業）対顧客，すなわち1対1の関係のため，関係を維持するコストを考慮しなければならない。例えば，顧客によってブランドに感じる価値が異なっている場合，1つのアプローチを行ったからといってうまくいくとは限らない。そればかりか顧客の感じているブランド価値にそぐわないアプローチを行ってしまうことでかえって離反を生み出すことも考えられる。

　ブランドコミュニティは企業対コミュニティ，すなわち1対多の関係というメリットがあるが，コミュニティである以上，企業のマネジメントが利かなくなることがあるという点については考慮しなければならない。例えば先ほど

あげた Newton の事例では，販売終了によるアップル社からのサポートの不足や周囲の非ユーザーからの「いまだに販売終了した製品をなぜ使っているのか」といった理解のなさがかえってコミュニティの結束を深めており，さらに販売終了という決定を下したアップル社に対する反感が生まれていることが指摘されている。

　消費者にとってはブランドコミュニティ内の結束が高まることは居心地のよさにつながるため，コミュニティ内の結束は重要である。しかし，結束したからといって，企業の思い通りにコミュニティが運営されるとは限らないことは注意しなければいけない点といえるだろう。

　しかしながら，このテキストで紹介されているようにリレーションシップ・マーケティングというのは今後のマーケティング施策に欠かせないものである。インターネットという新しいメディアを利用し，いかに消費者と関係を結ぶかは企業にとって今後より重要となるといえるだろう。

注

1) MAZDA WEB MEMBERS　https://www.m-wm.com/
2) UNIQLOOKS　http://uniqlooks.uniqlo.com/
3) 久保田進彦（2003）「リレーションシップマーケティングとブランドコミュニティ」『中京商学論叢』第49巻・第2号，197-257頁。
4) 詳細は第3章を参照のこと。
5) Rigby, Darrel K, Frederic F. Reichheld, and Phil Shefter（2002），"Avoid the Four Perlis of CRM", *HarverdBusiness Revue*（February），pp101-109.（リット三佐子訳（2002），「CRM「失敗の本質」」，『ダイヤモンドハーバードビジネスレビュー』2002年7月号，76-87頁）
6) Fournier, Susan, Susan Dobscha, and David Glen Mick.（1998），"Preventing the Death Of Relationship Marketing", *Harverd Business Revue*, 76（January/February），pp.42-51.（長友恵子訳（2002）「なぜ顧客は逃げていくのか　リレーションシップ・マーケティングの誤解」『ダイヤモンドハーバードビジネスレビュー』2002年7月号，100-109頁）
7) ブランドコミットメントにはこれ以外にこのブランドからスイッチするのが面倒くさい，他のブランドを選択して失敗したくない，といったような功利的態度から生まれる計算型コミットメントがある。詳しくは井上淳子（2011）「ブランド・コミット

メントと購買行動との関係」流通研究流通研究 12 (2), 3-21 頁を参照のこと。
The Relationship of Brand Commitment and Consumer Behavior
8) 例えばブランドパーソナリティの議論などがあげられる。Aaker, Jennifer (1997) "Dimensions of Brand Personality," *Journal of Marketing Research* 34 (August), pp. 347-357.
9) さくらパンダ オフィシャルサイト http://sakura-panda.com/
10) 事例の出典は以下の通りである。
課長塾×日経デジタルデジタルマーケティング (2014) 最新マーケティングの教科書「大丸松坂屋 「さくらパンダ」が教える企業キャラクターの育て方」98-101 頁。
11)「カフェ ド コスメデコルテ」http://cafe.cosmedecorte.com/
12) 事例の出典は以下の通りである。
「カフェ ド コスメデコルテ」http://cafe.cosmedecorte.com/ ならびに「カフェ ド コスメデコルテ☆スタッフインタビュー①<パート 2>」
http://cafe.cosmedecorte.com/blog/article/id/50
13) http://www.cosme.net/
14) 事例の出典は以下の通りである。
Muniz, Arbert M. Jr. and Hope Jensen Schau (2005), "Religiosity in the Abandoned Apple Newton Brand Community", *Journal of Consumer Research* 31 (March), pp.737-747.

第8章　営業によるリレーションシップ構築

1.　営業とIT革命

　1995年以降，広く情報技術（IT）が進展し，インターネット社会が実現していった（IT革命）。人々は携帯電話などの端末機を持ち歩き，いつでもどこでも必要な情報を手に入れることが可能になった。人々の暮らしを一変させたIT革命は，もちろんビジネスの世界も大きく変えていった。その典型例が営業の世界である。

　IT革命以前の営業マンについては，オフィスを出た後帰社するまで何をしているか上司は把握することができなかった。営業日報を読んで営業マンの活動を把握するしかなかった。しかしIT革命以降，モバイルツールを利用すれば，リアルタイムで営業マンの行動を追跡できるので，キメの細かいマネジメントが可能になった。

　そうしたインパクトをもつIT革命において，営業における企業と顧客とのリレーションシップのありかたにはどのような変化があったのか。それが本章のテーマである。結論を先取りすれば，義理人情による関係づくりから，データに基づく提案による関係づくりへの変化である。以下ではその詳細を解説していく。

2.　IT革命以前の営業

　KKDという言葉がある。これは勘と経験と度胸の頭文字をとったものである。営業の世界を表現した言葉だ。この言葉からも分かる通り，営業の世界で

は義理と人情によって顧客のフトコロに入り込み，濃密な人間関係をつくることで契約を獲得していくという発想が根底にある。「飲みゅにケーション」という言葉もあるように，顧客にごちそうを振る舞い，またはゴルフに招待してその見返りに契約にサインしてもらえるようにもっていく。まさに，義理と人情のリレーションシップである。

　こうした世界では特に次の3点がポイントになる。第1に予算数字，第2に顧客からの信頼，第3に「営業は戦争だ」である[1]。

　第1に営業はノルマという達成すべき予算数字がある。多くの場合，前年比から導かれる。その数字の根拠は不明確にもかかわらず，慣習的に達成しなければならないという考え方になっている。すると，数字を達成することによる「達成感」が重要になってしまう。つまり，数字の達成がどのように会社の発展に貢献するのかはさておき，目標を達成した快感が優先されていく。そのうちに，自己と共感する物語の主人公と重ね合わせて，数字の世界でありながらも人情の世界が広がっていく。例えば銀行マンの主人公が，組織から与えられたノルマ達成のために奔走する。それは主人公の目標であり，そこに向かって努力し，時には涙するシーンを見て「自分も頑張ろう」という気持ちが高まる。あるいは目標を達成したシーンでは，自分もきっと得られるであろう達成感を疑似的に共感し，「明日から頑張ろう」と反省するのである。

　第2に顧客からの信頼や好意がなくてはならない。それが重要であり，営業マンは「製品よりも自分を売り込め」と教わることになる。例えば，毎日足を運び，顧客の店舗を掃除し，店のご主人の子どもの勉強をみる等，そうしたことで信頼を獲得していくのである。とにかく信頼されなければ，他の見込み客を紹介してもらえることはないという発想である。

　第3に「営業は戦争だ」といわれる。あたかも戦争ゲームのように市場を戦場とみなし，ライバルに先んじて顧客からの契約を勝ち取るといった勝負の世界である。契約は取るか取られるか，つまり100％かゼロの世界であり，50％という契約はない。白か黒か明確に結果が出る。そうした契約を取るために営業マンは兵士に例えられ，営業部は戦場の軍団としてみなされることに

なる。その中で，上司と部下は親分と子分のような義理と人情の人間関係に発展していくのである。

このような世界で契約を勝ち取るには，個人的に顧客に気に入ってもらう必要がでてくる。そのためにとにかく顧客の要望を叶えるという，受動的な側面が強調されていく。いわゆる「相手の顔色をうかがう」というものだ。そうなると，営業マンは物腰が柔らかく，言葉たくみでなくてはならないというイメージが定着していく。相手の心を読み取り，心をくすぐるようなトークをしていく機転が求められる。したがって，営業の世界では勘や経験，度胸が必要だとされてきたのである。

3. IT 革命のインパクト

1995 年以降，インターネットが一般消費者にも普及していった。携帯電話などの端末を持ち歩き，人々はいつでもどこでも必要な情報を手に入れることができる。営業の世界も同様に，営業マンたちは情報を共有し，マネジャーはリアルタイムで彼らをマネジメントできるようになっていった。いわゆる組織改革，リデザインの必要性が注目されていくのである[2]。

こうして営業マンたちのコミュニケーションは，IT をベースとしたツールによって展開されていくことになる[3]。顧客管理システムが導入され，彼らは自社のデータベースにアクセスして，いちはやく顧客情報などを知ることができる。ただし，データベースの入力を営業マンが行うには大変な負担が生じる。したがって，顧客管理システムの導入に抵抗を感じる現場もある。

しかし今日ではデータなくして営業は成り立たなくなってきた。なぜなら顧客が求めているのは，過去の「義理人情」ではなく，「問題解決策（ソリューション）」へとシフトしてきているからである。

代表的な例として，スーパーマーケットに商品を提供している食品メーカーA 社を取り上げてみよう。スーパーでは日々の売り上げや在庫の管理を POS システムで管理している。いつ，何が，どれだけ売れたかをバーコードで読み

取り，データで管理をしている。このデータをA社は持ち帰り分析する。するといろいろな課題が見えてくる。

　例えば月曜日の売り上げが良くないことが見えてきた。この場合次のような仮説が出てくる。商品を納入するのが金曜日なので，倉庫から品出しするのは土日になる。しかしその土日に品出しができていなければ，月曜日は欠品状態になるだろう。そのため月曜日の売り上げが良くない，といった仮説が考えられる。

　以上の仮説をスーパー側に提示する。確かに土日に品出しをしていないことがわかると，実際に行動に移して仮説を検証する。結果，全体の売り上げが伸びるということになる。こうしたソリューションの提供によって顧客の信頼を獲得していくのである。

　このような営業スタイルを提案営業（あるいはソリューション営業）という。客観的データに基づいて解決策を提案するのである。義理と人情に頼るのではない。したがって一昔前のように，相手の心を読み取る言葉たくみな営業マンになることが重要ではなく，データから解決策を提案できる知的な側面が不可欠になってくる。いくら「飲みゅにケーション」が上手くても，解決策を提示できない営業マンは相手にされなくなる。

　データベースを活用した営業が，今後ますます重要になる。データに裏付けされた解決策の提案，それによって信頼されるリレーションシップが求められている。IT革命が与えたインパクトは実に大きい。

4. データによる関係づくり

　これまで見てきたように，顧客との信頼関係を構築するにはデータベースが不可決であることがわかった。その一方，営業部と他部門との関係性の構築も重要になってくる[3]。その点を明らかにしながら，データベースがマーケティング活動にどのように貢献しているのかを見ていこう。

(1) チーム営業

　データベースは開発部門や生産部門とも共有される。営業マンが入手してきた顧客ニーズやクレーム情報などが蓄積されており、他部門がそこにアクセスすることで次世代の商品開発につなげるのである。

　そうなるとデータベースは単に営業部だけのものではなく、他部門を巻き込んだ「チーム」としての財産になる。POS データを分析する担当者として、営業マンではなく専属のアナリストチームが編成されることもある。つまり、顧客との関係性と部門間の関係性という2つの方向が求められてくる。結果、営業マン個人の能力に頼る営業活動は限界があり、チームで問題を解決する方向が重要になってきたのである。

　IT 革命以前の場合、チーム営業といってもそれは営業部門内のチームであり、ベテラン営業マンと中堅、新人が組になり、営業支援のスタッフが事務手続きを処理するというのが典型的な編成である。例えば、ベテランが見込み客の選別を行い、中堅がプレゼンをし、新人がアフターフォローをするという連携をとる[2]。このようにして、新人が見込み客の選別を誤ることもなく、さらに無駄な商談時間を省くといったチーム営業が注目された。この場合、データベースというものが特にないので、新人たちはどうしてもベテランのノウハウを共有できない。すると新人の間でパフォーマンスのバラつきが生じてくる。仕事の飲み込みに個人差が大きく影響してくるからである。

(2) 標準化の課題

　顧客のニーズにマッチする提案をしようとすると、どうしても個別対応で問題を解決するスタイルになってくる（関係性の追求）。しかし顧客がひとりとは限らないため、より多くの顧客にアプローチをする場合、多くの営業マンを雇用する必要が出てくる。すると、個々の担当者の力量にバラつきがあると十分な成果が見込めなくなる。そこで営業活動は標準化の方向へ動き出すことになる。つまり、営業マン同士で情報（顧客情報や成功事例など）を共有し、営業マンの力量を一定のレベルで標準化しようという流れになる。

過去の営業スタイルでは，関係性の追求と多くの顧客を獲得しようとする拡張性の追求はトレードオフになっており，両立が難しかった。顧客との関係性を追求しようとすると，ひとりの顧客に時間をとられて他の顧客への対応や新規顧客獲得まで手がまわらないのである。一方，標準化を進めて多くの顧客へのアプローチを優先しようとすると，ひとりの顧客に時間をかけられないため深い関係性を構築することが難しくなる。そしてこれらの両方を追求しようとすると，どちらも中途半端になり，かえって結果が出ないことになる。

(3) データベースの位置づけ

こうしたトレードオフの問題を解決するのがデータベースである。そのステップは次の4点に整理できる。
1. 拡張性を追求しようとすると，営業スタイルは標準化に動き出す。
2. そのためにはデータベースが必要になる。
3. データベースによる情報共有が進めば，営業部門と他部門が連携する部門横断型のチーム営業が可能になる。
4. 部門横断型チーム営業によってより専門的な提案ができれば，顧客の問題を解決することによって関係性を深めていくことができる。

以上のステップを図示するとデータベースの位置づけが明らかになる。

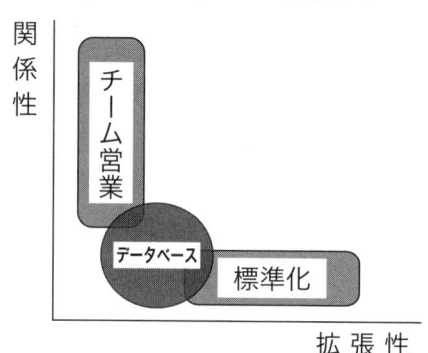

図8-1　データベースの位置づけ

出所）高嶋（2002），図9-1，230頁を参考に筆者作成。

つまり，データベースは，これまでトレードオフの関係であった関係性と拡張性を結びつけることを可能にしたのである。

まず縦軸の関係性を見ると，顧客の要望に応えようとすると営業マン個人の能力には限界があるため営業部門内のチーム化が促進される。その場合，顧客ひとりに多人数が動員されるので，他の顧客や新規開拓にまで手がまわらないという事態が起こる。

その一方，より多くの顧客にアプローチしようとすると，営業活動を標準化して営業マンのパフォーマンスにバラつきを避けようとする。この場合，マニュアル的な顧客対応になってしまう。そうなると，顧客に気に入られるなどといった信頼関係を結ぶことが難しくなる。

そこで，両者の間にデータベースが構築されると関係性の追求は「営業内チーム」から「部門横断型チーム」へと発展可能になる。つまり開発部門や生産部門，サービス部門との連携によるチーム営業となる。すると，より専門的なソリューション提供が可能になり，そのことで顧客の信頼を勝ち取る。結果，顧客の問題解決に寄与する形で深い関係性が生まれることになる。

(4) データアナリストの必要性

さて，データベースが構築されることで従来とは異なる顧客との関係性，つまりソリューションを提供する関係づくりの可能性を提示した。そこで問題になってくるのは，誰がデータを分析してソリューションを導くのかという点である。このデータ分析を営業マンが行う余裕はない。するとどうしてもデータを分析する専門のアナリストが必要になってくる。

データアナリストは，顧客から得た販売データをもとに分析する。この際，単に売上の数字だけを見るのではなく，地域特性や顧客の考え方なども考慮して分析を進めている。つまり，さまざまなリソースから意味ある提案（メッセージ）を導こうとしているのである。この提案やメッセージをここでは「テクスト」と呼ぶ。テクストとは読み手にとって意味のあるひとかたまりの情報をいう[4]。ただし，テクストの解釈は読み手に委ねられる[5]。たとえ書き手がポジティブ

な意味を込めたとしても，読み手はネガティブに解釈する可能性がある。しかし問題はそこではなく，問題は数字を集めただけのデータは顧客にとって意味をなさないことにある。顧客にとって意味あるデータというのは，顧客自身がデータから戦略ストーリーが描けるかという点にある。つまり，顧客にとって全社的な戦略策定のリソースになりうるかであり，業務改善レベルの部分最適の提案に終わらないことが重要になる。

この時，テクストは企業と顧客の接点になっている。いわゆる顧客接点である。営業担当者が顧客接点ではない。意味あるテクストが顧客接点になると，そこから一気にコミュニケーションは発展し，データに関するテクストから戦略に関するテクストへと連接していくのである。顧客にしてみれば，利益を確保するあるいは売り上げを伸ばすためには何らかの戦略を必要としている。その戦略を描けるまでの意味あるリソースになれば，営業担当者がもってくるデータは歓迎されることになる。

現場の営業担当者が入手する情報やPOSデータなどをリソースと捉えた場合，それらを整理し顧客にとって意味あるメッセージにまとめるプロセスが必要になる。このプロセスをここでは「コンピレーション（編纂）」と呼ぶ。膨大なリソースから意味のあるひとまとまりのテクストを導き出すプロセスである。データアナリストの本領はこのプロセスで発揮される。これら一連の流れを図8-2で示す。

図8-2　データのテクスト化からのコミュニケーション

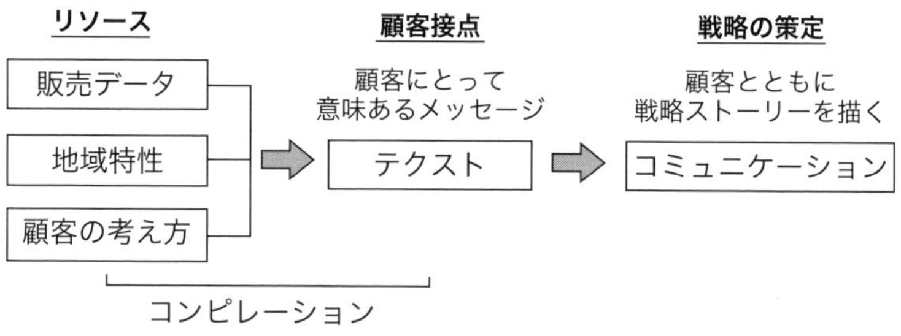

出所）筆者作成。

ただし，アナリストが精度の高い分析を行うためには現場の状況をも把握しておく必要がある。社内に閉じこもっていては正確な分析ができない。従来の営業改革に関する議論では，データベースの導入が理想といいながらも実際にはデータが使い物にならず，営業改革が思うように進まないことが問題として指摘されてきた。コンピューターや情報システムを導入すれば，それですべて上手くいくわけではない。その理由は2点ある。第1に，データの入力作業が営業担当者の負担となる場合，データ管理そのものが敬遠されてきた点。第2に，顧客の状態などのデータに関しては，データの書き手の主観や表現方法の違いから読み手の解釈が多様になってきた点である。

以上の問題を回避しようとする場合，第1の点はアナリストがデータを管理するので営業担当者の負担にはならない。重要なことは第2の点である。顧客の状態や成功事例などの情報を文章化し，データにしようとすると書き手の主観や表現方法の違いが生じる。それにより，情報が正しく伝わらないという事態が起こり得る。現場の営業担当者はそのデータを読んでも「現場のことをわかっていない」といって，データを利用しようとしなくなる。結局，担当者の自己流判断で動いてしまうことになる。

しかし，アナリストも営業現場にチームメンバーとして同行することで第2の点は回避可能となる。典型的なケースとして，エリアマネジャー，営業マネジャー，営業担当，アナリストという構成で顧客を訪問する[3]。すると，現場の状況をアナリストも理解可能になる。

顧客にとって戦略策定に有益なソリューションを提供できれば，それは顧客にとってもはや手放せない関係となる。すると，その関係性においては値引きすることで顧客をつなぎとめる次元とは異なるレベルでの商談が可能にある。つまり，真のWin-Winの関係が構築できることになる。

5. 人間性の時代へ

本章では，IT革命のインパクトによって大きく営業の世界がシフトしてき

たことを見てきた。以前の KKD の世界から，データベースに基づいたソリューションを提供する営業へと変わってきた。ここには義理人情に頼るのではなく，知的にデータを読み取り問題解決策を提案するスタイルが求められている。そのためには複数のスタッフと共同で活動するチーム営業が不可欠になる。チームワークが重要なのである。

　チームワークを発揮できるかどうかは，メンバーの人間性もまた重要になる。メンバー間の相互理解を深めるコミュニケーション能力も求められる。チーム内の関係性がよくないと企業間の関係性もうまく構築できないであろう。IT が進展すれば自動的に問題が解決するのではなく，個々の人間性が一層問われる時代に突入してきたのである。これは営業部門だけの問題ではなく，マーケティング活動全般にかかわる課題でもある。

注
1）石井淳蔵・嶋口充輝『営業の本質』有斐閣，1995 年，13 頁。
2）田村直樹『セールスインタラクション』碩学舎・中央経済社，2013 年 a，13 頁。
3）髙嶋克義『営業プロセス・イノベーション』有斐閣，2002 年，102 頁。
4）田村直樹編著『セールスメーキング』同文舘，2014 年，141 頁。
5）田村直樹『経営戦略とマーケティング競争』現代図書，2013 年 b，295 頁。

第 9 章　BtoB におけるリレーションシップ

1. BtoB とは何か

　本章では，リレーションシップを BtoB 領域のフレームで考察する。BtoB (Business to Business) は BtoC (Business to Consumer) に対する概念で，企業（組織）間におけるビジネスを扱い，B2B と表す場合もある。
　BtoC は消費財，すなわち一般消費者が日常生活で使用する飲料や洗剤，化粧品，衣料等を対象とすることから馴染み深い領域である。コンビニエンスストアやスーパーマーケット，ドラッグストア等で購入する商品はすべて BtoC に分類される。
　一方 BtoB 領域に属する生産財や産業財は，企業の生産や業務活動に用いられ，企業から企業へというように組織間で取引される。製造業が使用する原材料や部品，生産設備や機器，業務用品，さらに保守・点検や情報システム構築といったソリューション，コンサルティング等のサービスが該当する。
　BtoB という用語が台頭してくるまでは，産業財マーケティングのように，「産業財」ないしは「生産財」という用語が一般的に用いられ，現在も「BtoB」の類似概念として扱われている。「産業財」や「生産財」は対象とする財による分類であり，BtoB は組織（企業）間のインタラクティブな関係性を対象とした分類である。その意味では厳密に捉えるならば BtoB の対象領域が最も広いのであるが，実質的には同義と解釈してよいだろう。本章で扱う用語は基本的に BtoB で統一する。
　ここでは BtoB を「生産財や産業財を包含した一般消費財以外の財・サービスを対象とした企業や諸団体等の組織（個人事業主を含む）間のインタラクティ

ブな関係」と定義する。BtoB 取引を中心とする企業を BtoB 企業といい，新日鐵住金や三菱重工業といった企業が該当する。また BtoB を取引に限定せず，BtoB 企業のステークホルダーや社会とのインタラクティブな活動領域全般を対象とする概念として扱う。

　マーケティングや広告に関する研究や論述において，生活者との接点が少ない BtoB の扱いは限定的であり，特段断りが無い限り BtoC 領域を対象にしていると考えられる。しかしリレーションシップの観点に立てば，組織間取引では従来からインタラクティブな関係性が重視されており，BtoB との親和性は高い。BtoB マーケティングはリレーションシップ・マーケティングのルーツの1つであると言われる。

　本章ではリレーションシップを学ぶ上で，BtoC との違いを意識しながら BtoB 特有のアプローチを検討し，理論と実践の両面から確認する。最初に BtoB 取引の特徴と顧客とのリレーションシップを確認した上で，ステークホルダー（企業の利害関係者）全体とのリレーションシップおよびその拡張について述べる。さらに社会とのリレーションシップ構築の必要性を指摘し，その事例をみていく。最後に従業員とのリレーションシップの重要性について提起を行う。

2. BtoB 領域の特徴

(1) BtoB 取引の特徴

　高嶋と南によると，BtoB 取引の特徴として，合目的性，継続性，相互依存性，組織性の4点が挙げられる[1]。それらを解説すると以下のとおりとなる。

　合目的性とは，生産財の購入を意思決定する上で，利用目的の達成可能性を優先して判断するということである。そのために広告やブランドだけで製品やサービスを選択するのではなく，売り手企業の営業担当者等から情報を集めることが一般的である。

　継続性とは，過去に取引経験のある，あるいは現在取引中の企業が続けて取

引相手として選ばれやすいということである。新規企業より知識が蓄積されている，構築された信頼関係により効率的な取引が行える，顧客特定的な技術開発や設備投資により技術革新，品質向上，コストダウンという好循環が生まれる，といった経済的メリットにより，参入障壁が生じていることによる。売り手企業としては，顧客固有のニーズやスペック（仕様）に対応し，安定的な供給を実現する上で継続性は必要となる。

　相互依存性は，部品や設備の共同開発や生産から納品までの一元管理を行う上での前提となる。需要に関わる情報と技術に関わる情報が相互にやりとりされ，それらの情報から製品の開発・生産やサービス活動が決定される。そのことによって製品開発のための技術供与や開発投資の援助を行ったり，生産管理や品質管理の手法を指導するなど，相互依存的な取引が行われる。

　組織性には2つの面があり，ひとつは生産財の購買が，個人の意思決定で行われるのではなく，組織における共同意思決定として行われるという購買局面の組織性である。もうひとつは，営業担当者のみが販売活動を行うのではなく，開発部門や生産部門，顧客サービス部門などの担当者が協力して，組織的に顧客企業にアプローチするという販売局面の組織性である。

（2）BtoB 取引とリレーションシップ

　「サービス財や生産財あるいは流通取引のマーケティングは，もともと二者間の直接的遭遇の状況が想定されているから，二者間の関係性の形成に重点を置く関係性マーケティングのフレームにおさまりやすいし，これまでのマーケティング実践においても実質的に関係性マーケティング・アプローチが無意識的に存在していた可能性は高い。」と和田が指摘するように[2]，リレーションシップは BtoB 取引にとって前提条件だといえる。

　元来 BtoB は大量生産・大量消費を前提としていない。企業と特定少数の顧客との関係構築に着目するリレーションシップの概念は，BtoB と BtoC の両者に適用可能だが，継続性や相互依存性という関係性をベースとする BtoB 取引においては，リレーションシップ概念が形成される以前から実務的には存在

していたのである。リレーションシップ・マーケティングの類似概念であるワン・トゥ・ワン・マーケティングやデータベース・マーケティングも同様であろう。

　顧客との協働による優位性の構築など，BtoB マーケティングは効果的な関係性管理の上に成り立つものである[3]。技術や製品の共同開発など特定の主要顧客との強固な関係は，競合企業に対する参入障壁となって競争優位を確立する。それ以外にも特定企業との継続的な取引が成立する理由として，デリバリーの保証や業務の高い信頼度，製品使用についての適切な助言，技術面でのノウハウの提供，柔軟な供給体制等が挙げられる[4]。

　顧客は1対多である場合と1対1，すなわち one to one の場合がある。1対多の場合は，汎用的な部品や工具，燃料等で，製品仕様が顧客ごとに対応していない財を供給する場合である。一方1対1の場合は，1社の特定の顧客企業に対応してカスタマイズ（製品の仕様を個別の顧客・ユーザーに合わせること）した財を供給するもので，受注生産であり，事前に販売企業と購入企業の間で仕様決定に至るまで綿密な打ち合わせが行われる。BtoB 企業の事業活動は製品より顧客との関係から生まれるものが基軸となるのである。

3. ステークホルダーとリレーションシップ

(1) ステークホルダーのマルチ化

　企業は単独で存在しているわけではなく，顧客や取引先，株主，行政，地域社会，そして従業員などとの相互関係の上に活動を行っている。このように企業と利害関係を有する人々をステークホルダーというが，企業はこれらのステークホルダーと多様なリレーションシップを築いている。これまで BtoB 取引の特徴を解説する上で，顧客との関係に重点を置いてきたが，重要なステークホルダーは顧客だけに限定されない。

　企業間におけるビジネスが中心の BtoB 企業は，品質の高い製品を適正な価格で供給すれば安定的な経営が維持できるとして，これまでステークホルダー

を限定的に扱い，直接的な顧客中心に捉える傾向がみられた。顧客は特定少数であり，それに金融機関，さらに上場企業であれば株主を経営上重要なステークホルダーと位置付けてマネジマントをしてきた。

ところが近年は顧客や投資家のみならず，社員，行政，マスコミ，学生，さらに生活者全般を含めた企業を取り巻くすべての人々との良好な関係無くして，企業経営は円滑に進まないようになっている。ステークホルダーがマルチ化しているのである。

(2) 企業評価の多様化

ステークホルダーのマルチ化は，企業評価の多様化と一体の現象である。企業評価基準のパラダイム・シフトが起こり，売上や利益といった経済性に加え，環境保全活動やCSR経営という環境性や社会性の因子が新たに重要になってきている。

高度成長期に公害が社会問題となり，環境問題への取り組みはそのまま企業の存続条件と認識されるようになった。企業は地域社会のみならず，マスコミや，マスコミを中心に形成される世論，生活者全般によっても評価されるようになり，注意を向ける必要に迫られた。

さらにこれまでは株式持ち合いやコーポレート・ガバナンスの面で銀行等の金融機関や取引先への株保有依存度が大きかったが，持ち合いの解消や所有株の放出が進むようになった。BtoB企業も例外ではなく，個人投資家を意識せざるをえなくなったのである。そして社会的貢献度の高い企業に投資するSRI (Socially Responsible Investment：社会的責任投資) が2000年代に台頭してくると，社会的存在としての企業が強く意識されるようになってきた。社会的な適合性が高い企業ほど，将来にわたって成長し，存続性が高いと評価するようになったのである。今日では企業評価は多角的に行われ，トリプルボトムライン，すなわち環境・社会・経済という3側面が企業の持続可能性を表すものとして定着している。

このように企業はステークホルダーと企業評価基準の両方向での多様化に対

応しなければならず，以前は直接的な顧客を中心に向き合っていれば良かったBtoB企業であっても，社会を含めた多様なステークホルダーとリレーションシップを築き，社会的適合性を高めていくことが重要な経営課題となっている。非財務情報と財務情報を一体化させて開示する統合報告書を制作するBtoB企業が増えているのも，マルチステークホルダーの情報ニーズに合致するとの判断によるものだと考えられる。

4. BtoB企業と社会との関係

(1) 顧客と社会のポジショニング

　BtoB企業におけるステークホルダーのマルチ化について述べてきたが，不特定多数のステークホルダーの集合体として「社会」が存在する。人間が共同生活を営む上での単位や関係を意味する「社会」は範囲や対象の取り方で概念は変わる。コミュニティや地域社会という場合は，工場等の事業所周辺というように限定的だが，ここで単に社会といった場合は，多数の生活者で構成する集合体を指すものとする。

　一般消費財を扱うBtoC企業からみると，ほぼ全てのステークホルダーが顧客と重複することから，顧客と明確に区分しての広範囲な社会を対象とするステークホルダー・マネジメントの必要性にはそれほど迫られない。広く社会に対して企業のイメージやレピュテーション（評判や評価）を高めることは，結果的に商品の売上増加に結び付く。社会貢献活動によって企業好感度が高まれば消費者の商品選択の動機になるし，社会的な課題解決をテーマとするコーズ・リレイテッド・マーケティングの一環だとみることもできる。これらはBtoC企業に対して顧客と社会の重複性によって説明することができる。

　一方BtoB企業はどうであろうか。BtoC企業と比較すると顧客は限定的で少数であることから，社会との重複部分は小さく，顧客と社会は別のステークホルダーだと認識している。BtoB企業は企業評価に占める社会性の高まりを受け，地域社会より広い範囲をカバーする「社会」を顧客とは明確に区別し

て，重要なステークホルダーと位置付けるようになってきた。この点がBtoCとBtoBのステークホルダー・マネジメントの相違のひとつとして挙げられる。

（2）社会との関係性構築

　BtoB企業が社会を重要なステークホルダーとしてリレーションシップを築くということは，具体的にどのようなことを意味するのだろうか。菅野はブランド価値の共創という切り口で次のように述べている[5]。

　「企業によるブランド価値の提供は，優れたブランド・コンセプトや技術力によって可能となる。しかしながら，優れたブランド・コンセプトや技術力だけでは，ブランドの差別的優位性が保てない時代となっているのも事実である。それ故，ブランド価値共創によるブランド・リレーションシップの構築がブランド・マネジマントにおいて求められるようになる。」

　今日ではBtoB企業でも，企業間競争のグローバル化や取引のソリューション化等と共に「ステークホルダーとの関係性の広がり」を要因としてブランディングが求められるようになってきている[6]。

　企業側から社会に一方通行に働きかけても関係性は構築されない。産業財を扱うBtoB企業が社会とインタラクティブにブランド価値の共創・共有を図っていくことは容易ではないが，そこでは事業の社会性が鍵となる。本来，企業の社会的価値は事業を通して発揮されるべきものであり，社会的活動もミッションに連動したものでなければ長期的な継続は難しい。製品や事業と乖離しては経営資源を活かしづらいし，直接的な受益者以外のステークホルダーの理解が得づらい。

　コトラーとリーは，企業の社会的責任を「企業が自主的に，自らの事業活動を通じて，または自らの資源を提供することで，地域社会をよりよいものにするために深く関与していくこと」と定義し[7]，高い効果が期待できる社会的問題の選択にあたり，戦略的意思決定の助けとして以下の6点を挙げている[8]。

・少数の社会問題に絞って支援活動を選択する。

- 自社が事業を行う地域社会において関心が高い問題を選択する。
- 自社のミッション，価値基準，製品，サービスとシナジーを生むような問題を選択する。
- マーケティング，供給業者との関係，生産性の向上，コスト削減といった，経営目標の助けとなりうる問題を選択する。
- 従業員，ターゲット市場，顧客，投資家，経営者などのステークホルダーが関心をもつ問題を選択する。
- 長期的に支援可能な問題を選択する。

これらをまとめると，事業活動と社会的活動は相反するものではなく，長期的には異なるステークホルダー間の利害も一致することになる。企業が元々もつ能力を活かすことで成功する確率が高まり，ビジネス面でも競争優位の確立につながるのである。

5. 関係性構築とコーポレート・コミュニケーション

(1) ステークホルダー別コミュニケーション

　ステークホルダーと良好な関係を築き，維持するステークホルダー・リレーションシップを実現する上で，積極的なコミュニケーション活動が欠かせない。コーネルセンはステークホルダーとの関係を強化する上で，コーポレート・コミュニケーションの重要性と，個別のステークホルダーとの関係の状況に応じて，コミュニケーション戦略と戦術を策定する意義を述べている[9]。

　表9-1はBtoB企業の特質に応じたステークホルダー別のコーポレート・コミュニケーションの在り方をまとめたものである。ステークホルダーの中でもBtoCと比較してその違いが際立つのは顧客であり，そのコミュニケーションについて説明した後で，社会との関係性構築を目指すコミュニケーション事例を取り上げる。

表 9-1　BtoB 企業の特質に対応したコーポレート・コミュニケーション

BtoB 企業の特質 (BtoC 企業との違い)	ステーク ホルダー	ステークホルダー・マネジメントの 在り方，特質	コーポレート・コミュニケーションの在り 方，特質
取引の合目的性 継続性 相互依存性（関係性） 組織性	顧客	長期的な信頼関係の構築 ソリューションの提供 依存の獲得，パートナーシップ構築 情報収集 組織横断的な関係構築	スペック，ソリューション提示 / 人的 （営業担当者）コミュニケーションの重視， 展示会，カタログ，DM，Web，営業 担当者サポートとしての広告
サプライチェーン・マネ ジメント重視	サプライヤー 流通業者	自社ならびに供給・流通業者の社会 的・環境的適合性の確保	社会的・環境的適合性情報の受発信重視
社会と顧客の分離（社会に おける顧客の限定性）	社会	ステークホルダーとしての独立性確保 重要・優先的位置付け	社会・生活者を対象とした企業の社会性 を強調したマス広告の実施，ソーシャル メディア，Web の活用
コーポレート・アイデン ティティ，社会的価値の 見えづらさ	従業員	企業・事業の社会的価値・位置付け の理解促進 グローバル・グループ全体の統括	左記に重点を置いたインターナル・コミュ ニケーションの実施。(社内報，イントラ ネット，説明会)
企業認知度・理解度の低さ	投資家	企業認知度の向上 社会的価値の理解促進	企業の認知度および社会的価値を伝達す る新聞広告等の実施
	入社対象者	若年層へ，入社対象者向けの企業認 知度向上	テレビスポット等，認知度向上広告の 実施

出所）山崎方義，「BtoB 企業のステークホルダー・マネジメントにおけるコーポレート・コミュニケーションの考察」，『広報研究』，第 18 号，日本広報学会，2014 年，81 頁。

(2) 顧客とのコミュニケーション活動

　顧客と一口にいっても，販売先と購入の意思決定者，あるいはユーザーが異なる場合も多く，ターゲティングは複雑である。したがって引き合いの増加や販売促進を目的とするマーケティング・コミュニケーションはマスメディアによる画一的な情報発信ではなく，営業による人的活動や展示会が中心となる。

　広告は消費財と異なり購買の意思決定に直接影響を与えることは少ない。業界紙誌や専門紙誌への出稿が中心となるが，主として営業活動への支援として作用し，潜在的な見込客を含め，購買に対する複数の意思決定関与者に事前に製品情報を提供したり，検索や問い合わせの対象に加わるという効果を狙う。

　顧客が情報を求めて検索した結果，Web サイトに到達することを考慮すると，サイトの充実と共に検索エンジンで上位に表示するための SEO（Search Engine Optimization）対策や検索連動型のリスティング広告等の有効性が高い。

購買パターンは一律ではなく,対象となる財やサービスによって変ってくる。工場の生産設備であれば,導入,稼働までに多くの検討がなされ,工場の設備担当者のみならず,工場幹部や本社の審議部門,経営層まで多くの関与者が存在する。多様なリレーションシップが生じることから,技術サービス部門と連携した継続的な営業活動が大きな位置付けを占める。一方,設備より小規模の機器やシステムでは実際のユーザーが意思決定に関わる要素が大きい。広告やWeb検索,展示会等で一定の製品情報を獲得した上で引き合いや商談に進む場合が多い。

同じBtoBであっても,工具,ボルトなどの部品や業務用の事務用品,消耗品のように,個別の顧客に対応していない汎用品ではまた取引形態が異なる。購買担当者の裁量により再購買が繰り返されることから,価格や納期,納入ロットの柔軟性等よる競争優位を訴えるツールによって取引先のスイッチが起こりえる。このような場合はWebサイトが力を発揮するが,その発展型としてネット上で製品選択,発注(受注),決済までが行われるeコマース(電子商取引)が取引形態としてある。

(3) 社会との関係構築型コミュニケーション ―クボタの事例―

ここではBtoB企業である株式会社クボタ(以下クボタ)が,社会を重要なステークホルダーと位置付け,関係構築を目指す活動事例の一部を紹介する。

クボタは,1890年に鋳物の製造・販売をもって創業以来,上水道の整備や農業機械による食料増産と省力化,環境施設による循環型社会の構築など,人々の生活と密接に関連する事業を拡大してきた産業機械メーカーである。人類が生きていくために不可欠な「食料」「水」「環境」という世界的課題の解決をミッションに掲げ,グローバルに事業を展開している。

クボタでは,事業との関連性が高い社会的活動として2008年から「クボタeプロジェクト」を展開している。これは経営資源を有効に活用し,「食料」「水」「環境」分野における社会的テーマの解決に向けての継続的な活動である。eプロジェクトの「e」には,「Earth(地球にやさしい)」,「Ecology(環境保全)」,「Eat

(安全で安心な食料)」、「Education（教育・農育・水育）」、「Emotion（生きる感動）」、Eau（フランス語の水＝安全で美しい水）」という6つの意味を持たせている。

　当初は、低い食料自給率や広大な耕作放棄地などの問題に対し、耕作放棄地再生支援のために農業機械とオペレータを派遣する活動や、小学生を対象にした田植えや稲刈り体験、農業機械による作業の見学などを通じた農業への理解促進と情操教育を推進する体験教室、また従業員による地域社会の清掃ボランティア活動等を中心に始まった。その後全社的に拡大し、既存の社会的活動を含めて水・環境分野へも水平展開を図っている。

　現在では子どもたちに自然の恵みの豊かさや地球環境の大切さについて学び、考えてもらう宿泊キャンプ型自然体験教室（写真9-1）や、海外の水環境改善活動として、安全な水にアクセスできない地域における井戸採掘支援活動等、多くのプログラムに取り組んでいる。

　これらの活動はクボタが一方的に展開するのではなく、地域社会や参加者との協働による価値共創である。Webサイトや各種イベント、新聞広告、統

写真9-1　宿泊キャンプ型自然体験教室「クボタ地球小屋」

提供）クボタ

合報告書等をはじめとするリレーションシップ・ポイントで情報を発信すると同時に、Facebook等のソーシャルメディアを活用してインタラクティブなコミュニケーションによる価値の共創と共有を図っている。

「くぼたのたんぼ」はクボタの事業と密接なつながりのある田んぼやお米に関する情報サイトで、多くの閲覧者から支持を受けている。田んぼのもつ国土保全機能や生物多様性・循環型社会の維持、アメニティ等の多面的機能の紹介に始まり、現在では歴史や文化を含め稲作を多角的に取り上げ、教育面のみならず娯楽性にも富んだコンテンツへと進化している。

小学生からのアクセスが多く、転載や写真等の素材提供を含めた教材利用の要望が多いことから、小学生向け学習資料集「水田のめぐみ」という冊子（写真9-2）を派生的に制作し、近畿圏の希望する小学校への無償配布に協力している。小学生と先生、また保護者との接点をもつ、クボタの中では異色のメディアである。認知されるにしたがって農業機械の販売会社からまとまった部数の提供希望が寄せられるなど、地域社会との交流に役立っている。

写真9-2　小学生向け学習資料集「水田のめぐみ」

提供）「水田のめぐみ」研究会

社会とのリレーションシップ構築を目的とする社会的活動は，社会と企業相互のサステナビリティ（持続可能性）を目指すものでなければならない。その効果は，受益者の満足度と企業のレピュテーション向上によって測定される。参加者に評価されないプログラムは魅力や価値の無い製品と同じで，中止か修正が必要となる。その一方で受益者だけの満足のみで活動の価値が判断されるものではなく，その活動による企業の評価や評判の向上が求められる。社会から企業価値が認められ，長期的な事業継続性の確保につなげることが，社会的活動の重要な意義のひとつである。したがって優れた社会的活動は活動内容の充実と効果的なコミュニケーション活動の両立によって成立するのである。

6. 従業員とのリレーションシップの重要性

　これまでBtoB領域のリレーションシップの概要について，BtoCと比較しながら述べてきたが，最後に従業員とのリレーションシップの重要性を提起して締めくくりとしたい。

　近年の経営環境の変化として，事業再編やM&Aによる経営・事業統合，グループ経営の強化，事業のグローバル化，ダイバーシティ・マネジメントの推進等が挙げられる。BtoC企業に対してBtoB企業の特質は，コーポレート・アイデンティティや社会的価値，ベクトル等が社内からもみえづらい点であり，上述の環境変化の中にあって，これを明確に示す必要がある（図9-1）。

　例えば食品や飲料を製造・販売している企業の従業員は，自分たちの業務と社会的価値との結びつきを理解することは比較的容易である。しかし電子部品を製造している企業の従業員は，部品を組み込んだ完成品を製造するセットメーカーの手を経て初めて自社製品の価値が可視化できるのであり，業務の成果が一般生活者の目に触れないという特質がある。

　したがってBtoB企業では，BtoC企業にも増して企業理念や価値観を明確に示して共有し，それと個々の業務とをつなぐストーリーづくりをコミュニケーション活動で行う必要がある。それに加えてトップの考え方と方針を徹底

する上でインターナル・コミュニケーションの果たす役割は大きい[10]。企業文化や経営理念面から，グローバル規模で従業員とのリレーションシップの再構築が求められている。

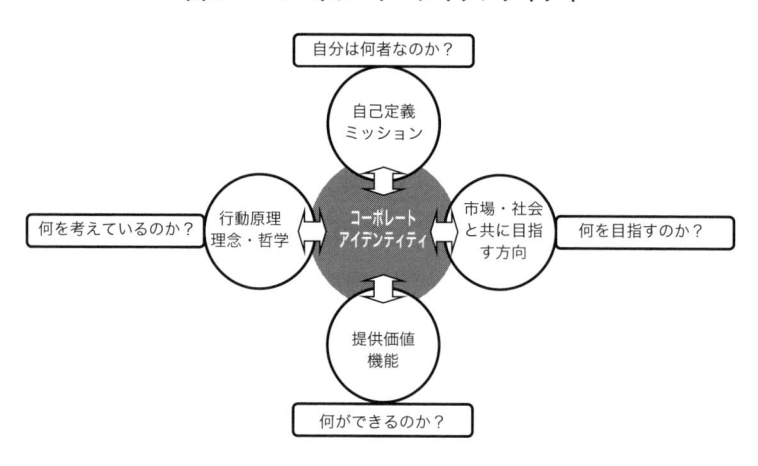

図 9-1　コーポレート・アイデンティティ

```
            自分は何者なのか？
                 ↓
              自己定義
              ミッション
                 
行動原理        コーポレート        市場・社会
何を考えているのか？  理念・哲学  →  アイデンティティ  ←  と共に目指  何を目指すのか？
                                        す方向
                 
              提供価値
               機能
                 ↑
            何ができるのか？
```

出所）山崎方義「BtoB コミュニケーションの座標軸」『産業広告』第 42 巻第 7 号，日本産業広告協会, 2010 年, 4 頁の図を一部改訂。

　BtoB 領域全体の事業規模は非常に大きく，BtoC 事業は BtoB 事業によって支えられているといえる。一般的に接触機会が少ないことから理解することに困難さが伴うが，BtoB マーケティングにおいて顧客との関係管理に着目して発展してきたのがリレーションシップ・マーケティング等の枠組だといえるのである[11]。その点からもリレーションシップ・マーケティングを学ぶ上でBtoB 領域のリレーションシップに対する理解を深めることは非常に意義深いといえよう。

注
1) 高嶋克義・南知惠子『生産財マーケティング』有斐閣, 2006年, 5-10頁。
2) 和田光夫『関係性マーケティングの構図』有斐閣, 1998年, 99-100頁。
3) Hutt, M. D. and Speh,T. W., *Business Marketing Management : A Strategic View of Industrial and Organizational Markets*, South-Western, 2004.（笠原英一訳『産業財マーケティング・マネジメント』白桃書房, 2009年, 134頁）。
4) Ford, F. and IMP Group, *Managing Business Relationships*, John Wiley & Sons Ltd., 1998.（小宮路雅博訳『リレーションシップ・マネジメント －ビジネス・マーケットにおける関係性管理と戦略－』白桃書房, 2001年, 67-68頁）。
5) 菅野佐織「ブランド・リレーションシップの構築」青木幸弘編著『価値共創時代のブランド戦略―脱コモディティ化への挑戦』ミネルヴァ書房, 2011年, 211-212頁。
6) 余田拓郎・首藤明敏編『B2Bブランディング』日本経済新聞社, 2006年, 19-27頁。
7) Kotler, P. and Lee, N., *Corporate Social Responsibility : Doing the Most Good for Your Company and Your Case*, John Wiley & Sons, Inc., 2005.（恩藏直人監訳『社会的責任のマーケティング』ダイヤモンド社, 2007年, 4頁）。
8) 同上, 275-280頁。
9) Cornelissen, J., *Corporate Communication: A Guide to Theory and Practice (second edition)*, Sage, 2008, pp.54-57.
10) 山崎方義「BtoBコミュニケーションの座標軸」『産業広告』第42巻第7号, 日本産業広告協会, 2010年, 4頁。
11) 余田拓郎『カスタマー・リレーションの戦略論理－産業財マーケティング再考－』白桃書房, 2000年, 3-7頁。

第 10 章　ライフスタイルとリレーションシップ

1. マーケティング機能としての顧客創造と顧客維持

　マーケティングに関する代表的な定義には，アメリカマーケティング協会の「マーケティングとは，顧客，依頼人，パートナー，社会全体にとって価値のある提供物を創造・伝達・配達・交換するための活動であり，一連の制度，そしてプロセスである」[1]という定義や，マーケティングの権威であるフィリップ・コトラーの「マーケティングとは，個人や集団が，製品および価値の創造と交換を通じて，そのニーズとウォンツを満たす社会的プロセスである」[2]という定義，また経営学の父と称されるピーター・ドラッガーの「マーケティングの理想は，販売を不必要にすること」[3]等の定義がある。

　研究者や組織によってその定義の詳細は異なるものの，ここで重要なことは，マーケティングの目的が「売上や利益ではなく，顧客にとって価値のある製品・サービスを最適に提供すること」という点である。マーケティングにおいて売上や利益は企業活動の結果と位置づけられており，つまり「売れる仕組み」としてのマーケティングが機能して初めて，最終的に企業は売上や利益を享受できると議論されている。したがって企業は，顧客を満足させるような製品・サービスを提供し顧客を創造するとともに，顧客が購入し続けてくれるよう顧客を維持することが必要とされる。

　そしてその顧客維持の源泉こそ，企業と顧客とのリレーションシップ（関係性）であり，近年の製品・サービスが売れにくくなった市場環境を背景に，より重要視されるようになっている。

2．顧客維持のための継続客の重要性

　顧客維持を形成するために，企業が執り行う消費者とのリレーションシップとはどのようなものであろうか。企業活動を概観すると，取り組むべき関係性の形態は大きく2つ存在している。

　ひとつは，顧客との契約に基づくリレーションシップであり，顧客の競合他社へのスイッチングコストを高く設定することで，結果として長期的な収益を獲得しようとする，「固定客」獲得の関係性である。この例としては，携帯電話の購入あるいは機種変更時の携帯電話会社との契約が該当する。主な携帯電話企業は，家族割引や2年間割引などのリベート，またその一方で途中解約時の違約金の請求など，消費者が企業と長期的な契約関係をすることのメリットと契約破棄時のデメリットを提示することで，消費者が競合他社へ簡単にスイッチしないような仕組みを構築している。

　もうひとつは，顧客満足に基づくリレーションシップであり，顧客との信頼関係を構築することでリピート購買を高め，結果として長期的な収益を獲得しようとする，「継続客」獲得の関係性である。継続客を基幹とする経営を成功させている代表例としては，株式会社オリエンタルランドによる東京ディズニーリゾートのケースが有名であろう。

　東京ディズニーリゾートを経営する株式会社オリエンタルランドのデータを見ると，1983年の開業以来，（若干の上下はあるものの）基本的にはその来園者を増加させていることがわかる（図10-1）。そして，この来園者のうちのなんと90％が継続客，つまりリピーターである[4]。つまり，単純に計算するならば，2012年度の売上である約3,955億円のうち，90％にあたる約3,560億円を継続客から獲得していると考えられる。

　以上の事例からも，固定客の維持もさることながら，継続客の維持は，今日のような競争が激化した市場環境において，企業が永続的にその経営を執り行うために最も重要なテーマとなっていることを疑う余地はない。では，個性化・

多様化する顧客を満足させ続けるには，消費者のどのような側面を充足させれば良いであろうか，またその時の企業と消費者の関係性はどのようなものであろうか。

以下では，ライフスタイル概念をリレーションシップマーケティングにおける鍵概念であると位置づけ，その重要性を議論する。

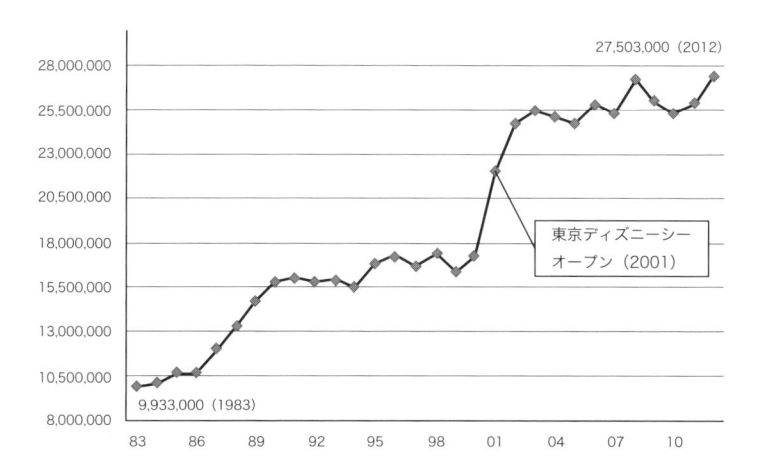

図 10-1　東京ディズニーリゾート　来園者数推移

27,503,000（2012）
東京ディズニーシー オープン（2001）
9,933,000（1983）

出所）株式会社オリエンタルランド「東京ディズニーリゾート来園者数データ」より作成[5]。

3. マーケティングにおけるライフスタイル概念の必要性

「ライフスタイル」という言葉は一般化し，近頃では日常的に使用されるようになってきた。また「憧れのライフスタイル」や「ライフスタイル提案企業」など，"ライフスタイル"に主軸を置いたマーケティング戦略は，分野を問わず多種多様の企業で採用されるようになっている。

ライフスタイル概念は，社会学者ウェイバー（1968）[6]と，心理学者であったアドラー（1969）[7]によって生み出された概念であり，「個人」か「集団」かの視点は異なるものの，本質としてはどちらも「自らの生活を能動的，主体

的に形成しようとしている行動主体」という前提を暗黙にもつ,「生活意識と生活行動パターン」あるいは「日々の生活課題の解決」を意味する概念として議論されている。

　マーケティングには1960年代初頭に導入され,特に80年代には,新たな市場セグメンテーション軸や消費予測のための分析ツールとして重要視されるようになった。

　マーケティングにおいてライフスタイルは,文字通り「生活様式」,あるいは「生活課題の解決および充足の仕方」などなど定義されているが,社会学および心理学の定義を踏まえると,「ライフスタイルとは,個人および集団の生活様式の源泉となる価値観や考え方」と定義することができる。そしてライフスタイルに基づく消費とは,「その価値観や考え方に基づき,商品やサービス,あるいは情報資源を組み合わせるための行為」と位置付けられる。

　このようなライフスタイル概念が,マーケティングにおいて必要とされた事情は大きく4つ事情から成る（表10-1参照）。

表10-1　マーケティングにおけるライフスタイル概念誕生の4つの事情

①消費者行動の新しい説明モデルを求める動き
②市場細分化のより有効な基準への期待
③社会的傾向あるいは生活意識動向の予測
④「生活」発想による商品開発及びマーケティング戦略立案のための思考枠組み

出所）井関利明「ライフスタイル概念とライフスタイル分析の展開」村田昭治,井関利明,川勝久編著『ライフスタイル全書：理論・技法・応用』ダイヤモンド社,1979年,4-7頁より作成。

　ひとつは,"消費者行動の新しい説明モデルを求める動き"からである。消費者の行う商品選択,店舗選択,銘柄選択の差異は,従来,人口学的諸要因（年齢,性別,居住地域など）か社会経済的諸要因（所得,学歴,職業など）によって,十分に説明されるものと考えられてきた。ところが,消費者たちの意識と行動は,

人口学的要因や社会経済的要因ではもはや必ずしも十分に説明できないことが研究の発展とともに明らかになってきた。その為，消費者行動をより有益に説明できうる要因の探求が必要となり，その結果クローズアップされた分析方法こそライフスタイル分析である。そしてこのアプローチは，サイコグラフィック変数やライフスタイル変数を操作して，消費者行動のみならず，投票行動や就業選択，さらに人間行動一般をも説明しうるよう期待されていた。

またひとつは，"市場細分化のより有効な基準への期待"からである。マーケティングにおけるマーケティング・セグメンテーション（市場細分化）戦略の定着と，人口学的要因や社会経済的要因を基準とする細分化の限界を背景とし，ターゲットとされた特定タイプの消費者・顧客層（セグメント）へのより有効的な細分化手法の基準として，ライフスタイル変数を用いた細分化が有力視された。

ひとつは，"社会的傾向あるいは生活意識動向の予測"のためである。1970年代を皮切りに，企業環境の変化を探知，観測する試みは，客観的な経済指標や社会指標の動きのみに向けられるのではなく，むしろ消費者がそれらの環境変化をどのように受け止め，そこからどのような生活意識や消費態度を形成しているかに向けられるようになった。つまり，市場の動きを，購買意識や購買態度の変化として捉えようとした。

この立場のからの関心は，「社会的傾向分析（social trends analysis）」あるいは「ライフスタイル趨勢（すうせい）分析」と呼ばれ，企業活動にとってもっとも重要な環境要因である，人々の価値観や生活様式の変化を，新しいライフスタイルの形成と拡大という視点から，マクロ・レベルで分析しようとするものである。この分析方法は，「人々は，客観的な環境に直接反応するものではなく，むしろ環境について抱いている主観的なイメージに従って行動を起こす」という行動科学の視点を前提にしており，ライフスタイルの心理的要素が効果的に測定され，そして分析されるならば，社会・経済的変化や環境変化の方向をさぐるのに相応しい方法であると考えられた。

ひとつは，""生活"発想による商品開発及びマーケティング戦略立案のた

めの思考枠組み"である。従来，メーカーにおける新製品や関連商品の開発計画，小売業における関連販売や品揃え計画などは，もっぱら企業サイドから行われることが多かった。しかしながら，このような企業サイドからの発想が，生活者たちの「商品ばなれ」を促進し，消費停滞の一因となった。そこで注目されたのが，ライフスタイル志向のマーチャンダイジングである。

　それは，企業の提供する製品やサービスを選択し，使用して，欲求を充足し，日々の生活課題を解決するプロセスにおいて，どのような価値・態度，活動のパターンをつくり出しているかを分析しかつタイプ分けをする，加えて新製品や関連商品などの発想を求めそれらの潜在的需要基盤を発見しようとする一連のマーチャンダイジング方法である。言い換えれば，市場をライフスタイルに基づいてセグメントしようとする試みである。

　1980年代にも多くのマーケターやマーケティング研究者が直面したこの4つの事情が近年になり再熱したことで　再びマーケティングにおいてライフスタイルの重要性が注目されるようになっている。

4．マーケティングにおける「生活者」発想

　マーケティングにおいてライフスタイルが重要視されるようになった背景には，日本国内の市場が成熟化するにつれ，人間観や福祉観といった価値観が転換したことが起因となっている。そしてこの潮流によって，企業活動の最終対象者である「消費者」についてもその見方を変える必要が指摘されるようになった。

　そこで出てきた概念が既存の「消費者」とは異なる消費像，「生活者」概念という新しい人間観である。近年では，消費者から生活者へと質的転換をした相手に対し，物品を製造し販売するだけでは十分に対応しきれないとし，生活者とリレーションシップを構築し，その中でライフスタイルそのものを提供することこそがこれからの企業戦略であると強調されている。生活者と消費者は多くの点で対極にあるものと言え，それゆえ企業のマーケティングアプローチも生活者対応のマーケティングへの変化が求められる（表10-2）。

表 10-2 消費者と生活者の違いとマーケティングアプローチの変化

		消費者	生活者
消費者と生活者の違い	基本概念	単一製品・サービスの消費単位	生活や文化の生産単位
	ライフスタイル傾向	「生活基盤形成」重視	「生活の豊かさ演出」重視
	消費傾向	画一的（同調的）	個性的・多様的
	コミュニケーション傾向	受動的	主体的・能動的
企業のマーケティングアプローチの変化	基本概念	適合	関係性構築
	アプローチ形態	マネジリアル・マーケティング	リレーションシップ・マーケティング

そもそも消費者とは「企業の供給する製品・サービスの最終的な使用者」であり、経済の総循環過程における依存的かつ受動的な「消費単位」として扱われており、一定の所得水準・購買力をもった「単一商品の市場」として議論されてきた。しかし一方「生活者」は、多数の商品（生活資源）を自らの生活目標と生活設計に従って意図的に相互関連させ、組み合わせて、能動的・主体的にひとつのライフスタイルを形成・演出すると位置づけられる。

「生活者」とは、受け身的な企業にとっての単一商品に対する最少規模の市場という「消費者」とは異なり、主体性を持ち、企業に対して能動的にアプローチし、自ら「市場」を選択する人々と定義することができる。

また、消費者が生活基盤形成の充足を重視し、例えば1960年代のカラーテレビ、クーラー、カーと言った耐久消費財の3C等の消費のような、経済的な豊かさの形成を基幹とするライフスタイル傾向であった一方で、生活者は「生活の豊かさ演出」の充足を重視し、自己の表現活動としたライフスタイルを追求しようとしている[8]。

その為、消費者の消費傾向が社会全般の共有する価値観に則り、画一的で大衆的な同調的購買行動をするに対し、生活者は自身の価値観に基づいた購買行動をとろうとする。その結果、現在のような市場の個性化・多様化が導かれる

こととなった。

　以上のような消費者から生活者への消費観の転換により，企業のなすべきマーケティングも当然のことながら変革を求められている。

　従来のマーケティングでは，消費者対応のため，消費者がニーズを汲み取り，そしてそれに適合させることで，顧客を満足させ，結果として利益を享受することができていた。

　確かに，現在でもニーズへの適合は企業のマーケターにとって重視すべきものではあるが，しかし，現代のように消費者から生活者に転換した市場では，生活者自身も自らのニーズを明確に把握しておらず，また個性化・多様化しているため，的確に生活者が求めるものに適合させることは大変困難になってしまっている。

　このような理由から，現在，生活者対応のマーケティングとして注目されているのがリレーションシップ・マーケティングであり，従来のマネジリアルマーケティングとは異なり「適合」を基本概念としたアプローチではなく，企業と生活者，また生活者同士がインタラクト（相互作用）し，その中で新たな価値を創造しようとするアプローチである。

　リレーションシップ・マーケティングにおいて最も大切な要因こそ「信頼」であり，いかに企業と生活者，生活者間で信頼関係を形成できるかが鍵となってくる。

　さらに，マネジリアルマーケティング（適合型マーケティング）からリレーションシップ・マーケティングへの移行は，製品の販売を中核とした「モノ」的アプローチから，サービスを中核とした「コト」的アプローチへの変革ともいえる。近年の市場環境変化に伴う生活者のますますの個性化・多様化を背景とし，新たなライフスタイル提案の手法として，体験型サービスや生活者のコミュニティ形成支援などの「コト」消費がますます注目されるようになっている。

5. 事例：阪急百貨店（西宮阪急）におけるコトコトステージの取り組み

　2011年3月にJR博多駅上に開店した博多阪急はコンセプトを「暮らしの学校」とし，モノやコトに関する体験的仕掛けを通して生活者に対しライフスタイルを提案している。もともと九州になじみの薄かった阪急百貨店ではあったが，初年度売上高は予算を13％も上回る750億円と好評を博している[9]。

　その売上を牽引した基幹となる仕掛けこそ，西宮阪急で成功したコトコトステージという顧客参加型体験イベントであり，「百貨店としてただモノを売るのではなく，モノを通じてライフスタイルを提案する"場"」として「食文化」，「健康」，「癒し」，「子育て」などをテーマに，ほぼ毎日，暮らしのヒントである「コト」を提案している。

　もともと西宮阪急は，阪急西宮スタジアム跡地（兵庫県西宮市）に2008年11月に西宮ガーデンズと共に開業した阪急百貨店の支店である。高級住宅地を擁する西宮や芦屋を商圏とする特性を踏まえ，「西宮上質生活」をコンセプトとし，"洗練された都会的感性"と"代々受け継がれた成熟した日常生活のスタイル"を持った"おしゃれな山の手母娘"をターゲットと位置づけ，暮らしの中のさまざまな生活シーンにおけるこだわりのライフスタイルを提案する郊外型百貨店として出店された[10]。

　その特徴は2つあり，ひとつは，従来の百貨店経営に見受けられた本店にあたる都市型店舗の縮小版としての支店ではなく，地域ドミナント戦略を中核とした地域密着型かつ独立型の店舗設計がなされている点である。そのため西宮阪急では，同社阪急うめだ本店や他の都市型百貨店と異なり，あえてラグジュアリーブランドを集めた売場を作らず，地域住民にとって「居心地のいい空間（場）」を提供し，独自で編集した売場を通して，今までにない日常生活を生活者に体感してもらうことを重要視している。

　そしてもうひとつの特徴こそ「コトコトステージ」の存在であり，ストアコ

ンセプトに則り，西宮近隣に生き続けているライフスタイル，例えば「こどもの豊かな情操を育む」，「ゆとりの時間で自分磨きを楽しむ」，「健康に良い食生活を楽しむ」などの価値観に沿って，暮らしのヒントとなる「コト」を，「モノ（商品）」を通じて提案している。

コトコトステージの特徴はターゲットがベビーからシニアまでと幅広いこと，またその運営が外部委託ではなく，百貨店自社スタッフが中心となって企画・運営されている点である。西宮阪急では販売のプロとしてスタッフがもつ知識や知恵を種とし，管理職だけでなく広く全社員が「コト」提案の企画・運営に携わることが重要視されており，よって単なる集客目的の招聘イベント（例えば子供向けのキャラクターイベントなど）が執り行われることはない。最近ではコトコトステージの盛況もあって，取引先企業からの企画提案や，取引先スタッフと共に企画を練り上げ運営することも増え，生活者との関係性だけでなく，ステークホルダーとの協働の関係性が構築される「場」となっていることも特徴と言えよう。

現在，西宮阪急では約40のコトコトステージが存在し，売場がもつテーマに沿ってイベントが開催され，さらに，年に数回，西宮阪急全館を横断した独自のフェアに関連したコトコトステージも開催している。本節ではその事例のひとつとして「リバティプリント[11]フェア」のケースを提示し，ライフスタイル提案におけるリレーションシップ・マーケティングの重要性を検討する。

西宮阪急では，年に1回（2014年は春・秋の2回を予定），西宮近隣の市場に継承され続けるライフスタイルに親和的な，「イギリスのゆとりある暮らしの提案」をテーマに，良質かつコンサバなリバティプリントを中核としたフェアを開催している。関連するコトコトステージとして「（リバティプリントのストールを使った）ネックウェアの巻き方レッスン」，「リバティプリントでオリジナル缶バッチをつくろう」，「（リバティプリント生地を使った）ワンピース ソーイングレッスン」やリバティプリントの歴史に関するセミナー型のイベント，そして「わたしのリバティプリントコンテスト」や「リバティプリントファッションショー」などの生活者参加型のショーなどが開催されている。本章ではその

中でも「リバティプリントでオリジナル缶バッチをつくろう」と「リバティプリントファッションショー」について紹介をする。

「リバティプリントでオリジナル缶バッチをつくろう」は，西宮阪急スタッフが講師となり，リバティプリント生地を使って缶バッチを作るイベントであり，婦人服と子供服の売場で開催され，リバティプリントに関心のある主婦層と子供服売場に買い物に来るファミリー層をターゲットにした「コト」提案である（写真10-1）。このイベントの本来目的は東北支援ではあるが，リレーションシップ・マーケティングの観点から考えると，婦人服においては生活者である主婦と売場スタッフ，そして生活者間のコミュニティを形成するイベントと位置づけられ，「リバティプリントのある暮らし」というライフスタイルを通じた関係性構築の「場」と捉えることができる。一方，子供服売場では，「親子でモノづくりを楽しむ」ライフスタイルを提案する「場」となり，缶バッチづくりを通じて親子間の関係性向上に貢献している。

写真 10-1　リバティプリントでオリジナル缶バッチをつくろう

「リバティプリントファッションショー」は，リバティプリント生地を使った婦人服，紳士服，スポーツウェア，そして子供服を中心とした新作ファッションスタイル提案型イベントである。このファッションショーも西宮阪急らしい地域密着型のイベントとなっており，一般的な百貨店のファッションショーとは異なりプロのモデルがランウェイを歩くのではなく，現場の販売員と西宮阪急の顧客がモデルを務める[12]。つまり，「リバティプリントファッション

ショー」は新作ファッションの提案や集客という目的の手段としてだけでなく，生活者にとって，いつも自分を接客してくれる売場スタッフ，あるいは自分の家族や自分自身のハレの舞台という，コミュニティ参加者が「場」を共有する仕組みとして重要な役割を担っている。

写真 10-2　リバティプリントファッションショー

このように西宮阪急の「コトコトステージ」の取り組みを見ると，百貨店の小売業業態における存在意義を「モノ（商品）」の販売とのみ捉えず，販売の一歩手前，「モノ（商品）」を通じたライフスタイル，「コト」提案に置いていることがわかる。長期的視点に立ち，地域社会において使い勝手の良い店であり続けようとする姿勢が，「コトコトステージ」という生活者とのインタラクションの「場」を作り，生活者との強い関係性を構築・維持することでストアロイヤルティを確立し，結果として利益を導いている。

　西宮阪急開店当初，その商圏が阪急うめだ本店と重複していることもあり，本店の売上を減退させる要因になるのではと懸念されていたが，購買分析によ

ると西宮と本店を併売している顧客が多く，双方の売上を取り合っていないことがわかっている。実際に，西宮阪急に，午前中立ち寄り馴染みの売場スタッフと談笑した後，阪急うめだ本店で西宮阪急では取扱いのないラグジュアリーブランドを購入し，その帰りに再度西宮阪急に立ち返り生鮮品や日用品を購入する顧客も存在するという。加えて，子供服売場では開店当初5年前は新生児であった客層が，現在も引き続き同売場において子供服を購入しており，次世代の継続客が芽吹きつつある。

売上も大変好調であり，開店した2008年度の売上高が約75.63億，翌年2009年度は約191.9億円（前年対比253.7%），2010年度は約217.63億円（前年対比113.4%），2011年度は約231.97億円（前年対比106.6%），2012年度は約241.8億円（前年対比104.2%），そして2013年度は約251.16億円（前年対比103.9%）と売上を伸ばし続けている[13]。

以上のように，「モノ」が売れづらくなった近年の市場環境において，「コトコトステージ」というライフスタイル提案を基盤とした独自の売れる仕組みづくりを構築し，顧客との強い関係性を築いていることが西宮阪急の強みであるといえる。

6. リレーションシップ・マーケティングにおける,「場」とツー・ステージド・コミュニケーションの重要性—西宮阪急の事例から—

何度も繰り返すが，個性化・多様化した生活者に対応し，結果として売上や利益を享受するため企業はリレーションシップ・マーケティングを採用する必要がある。そこでは，生活者とインタラクションし，信頼関係を築き，新たなライフスタイルを共創することが求められる。それを実現する手法として，前節でも事例として紹介した「コト」が重要であることは明らかであろう。

しかし，良好な関係性を構築し継続客を維持する前段階として，まず顧客創造のためにトライアルへと生活者を誘導する必要がある。本節では，本章の最後として，リレーションシップ・マーケティングにおけるツー・ステージド・

コミュニケーション（図10-2）の重要性を示唆する。

和田（1998）は，継続客を維持する前段階として，まず企業とのコミュニケーションの「場」，例えば売場などに足を運ばせるためにはトライアル誘導の説得的コミュニケーションが重要であると主張する[14]。そして，「商品やサービスのトライアルを誘導するような従来型の説得的コミュニケーションと，商品やサービスの購買や消費のリピートを誘導し，かつリピート・プロセスにあって商品やサービスの価値共創を誘発するようなインタラクティブ・コミュニケーションの双方が必要」[15]と議論している。しかし，その一方で「トライアルを誘導する説得的コミュニケーション行為にあっても，従来のような価格訴求型や製品コンセプトを明確に打ち出すような紋切り型のコミュニケーション行為は，生活者に瞬時の判断を与えてしまう場合が多く，継続的なコミュニケーションからリピートを誘導するプロセスは発生しにくい」[16]と指摘し，むしろ曖昧性をもつ説得的コミュニケーションの方が，生活者の想像や思い込み，あるいは期待を掻き立てトライアル誘導する可能性が高まり，インタラクティブ・コミュニケーションを誘発する可能性が高くなることを示唆している。

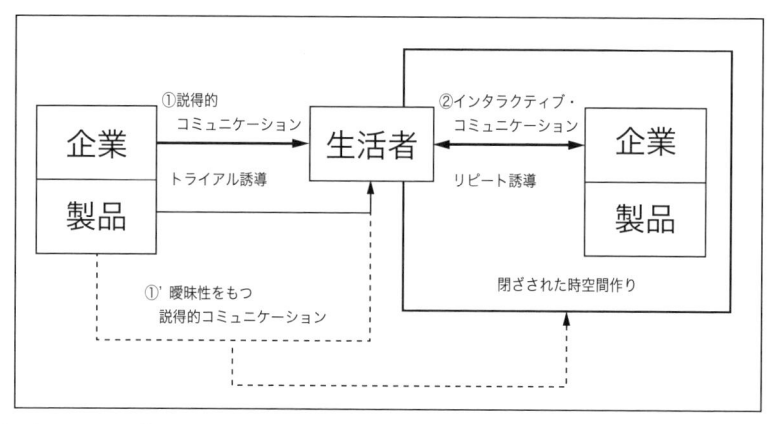

図10-2 ツー・ステージド・コミュニケーションのプロセス

出所）和田 充夫『関係性マーケティングの構図 マーケティング・アズ・コミュニケーション』有斐閣，1998年，88頁より。

つまり企業がリレーションシップ・マーケティングを完結するには，相互作用のコミュニケーションだけでなく，従来のマーケティング手法である説得的コミュニケーションとの併合，すなわち2段階（ツー・ステージ）のコミュニケーションが必要とされ，さらにその説得的コミュニケーションは単なる「モノ」情報ではなく，「コト」情報を織り込んだ「生活の豊かさ演出」の充足をイメージさせるような曖昧性のある情報であるべき，ということである。

ツー・ステージド・コミュニケーションについて前節で紹介した西宮阪急事例から考えると，西宮阪急では紙媒体やネット広告だけでなく，トライアル誘導のための説得的コミュニケーションとしてネット媒体の「にしのみやぐらしブログ」と「コトコトニュース」という「場」を設定している。

「にしのみやぐらしブログ」は，四季折々に感じる素敵な時間の過ごし方をナビゲートすることを目的に，「コトコトステージ」の告知やシーズンごとのおすすめ商品を通じた暮らし方提案を行っている。一方，「コトコトニュース」は「コトコトステージ」の告知とその受付を行う「場」として運営されている。特に人気の高いイベントは，ウェブ掲載するやいなや募集定員が埋まってしまうほど盛況で，まさにトライアル誘導から次のステージであるインタラクティブ・コミュニケーションの「場」を繋ぐ役割を担っている。

本章では，ライフスタイルを軸にリレーションシップ・マーケティングの重要性を示唆した。市場が個性化・多様化した現代において，企業は，生活者との対話の「場」をいかに形成できるか，またそこに生活者をいかに誘導できるか，ということを繰り返し続けることこそ，戦略的に重要となっている。

注

1) AMAの定義は公式サイトにて提示されており，2007年以降より"Marketing is the activity, set of institutions, and processes for creating, communicating, delivering, and exchanging offerings that have value for customers, clients, partners, and society at large."と明記している。日本語訳は，高橋郁夫「マーケティング研究の今とこれから」『日本商業学会第58回全国大会報告論旨集』日本商業学会，2008，11頁より引用。"（https://www.ama.org/AboutAMA/Pages/Definition-of-Marketing.aspx）。

2) Kotler and Armstrong (2010) より引用（原文 " Marketing is social process by which individuals and organizations obtain what they need and want through creating and exchanging value with others."）
3) ピーター・ドラッガー著 上田惇生編訳『マネジメント 基本と原則（エッセンシャル版）』ダイヤモンド社，2001年，16頁より引用。
4) リピーター率の数値は，株式会社オリエンタルランド「2013年3月期決算説明会質疑応答」より（http://www.olc.co.jp/ir/pdf/qa2013-04.pdf#page=1）。一般的に，東京ディズニーリゾートのリピート率は97%程度（渡邊喜一郎著『ディズニー 心をつかむ9つの秘密 97%のリピーターをうみ出すマーケティング』ダイヤモンド社，2013）といわれているが，それを明確に裏付ける資料は開示されていない。
5) 株式会社オリエンタルランド「東京ディズニーリゾート来園者数データ」より(http://www.olc.co.jp/tdr/guest/)
6) ウェイバー（1968）は，社会階層を，経済的関係，特に生産体制への参与の型からのみ理解するのは極めて不十分であるとして，「階級（class）」のほかに「地位グループ（status group）というコンセプトを提案した 。それは，財の消費様式，職業，養育と教育のパターンによって形成される階層であり，生活様式，生活態度，人生観などの点で類似性があるという意味で，特定の「ライフスタイル（style of life，life style）」を共有していると考察された。(詳しくは村田昭治，井関利明，川勝久編著『ライフスタイル全書：理論・技法・応用』ダイヤモンド社，1979年，8頁参照)
7) アドラー（1969）は，「行為主体としての個人は，外部の刺激に対する単なる反応者ではなく，能動的で，目標志向的でありかつ自己統一性をもった存在である」と主張する。そしてこのことを前提として，過去における生活環境への対処経験あるいは生活課題の独自な解決方法と，将来に向けた目標志向努力のなかに，個人の自己一貫性と統一性が読み取られ，その全体性を「ライフスタイル」と定義づけた。(詳しくは村田昭治，井関利明，川勝久編著『ライフスタイル全書：理論・技法・応用』ダイヤモンド社，1979年，10頁参照)
8) 和田（1998）は，生活者のライフスタイル体系を大きく小節すると，生活基盤形成部分と生活の豊かさ形成部分に分別することができると主張している。本稿では和田（1998）の研究を踏襲し，議論する（詳しくは，和田充夫 著『関係性マーケティングの構図 マーケティング・アズ・コミュニケーション』有斐閣，1998年，45-64頁参照）。
9) 日本経済新聞2012年3月2日の記事より（http://www.nikkei.com/article/DGXNASJC01015_R00C12A3LX0000/）
10) エイチ・ツー・オー リテイリング株式会社 報道関係資料(2008年10月22日)より。
11) リバティプリントとは，イギリス，ロンドンの老舗であるリバティ百貨店社製のプリント生地を指す。東洋の絹製品に影響を受けた，創立者であるアーサー・レイゼン

ビー・リバティが, パステル調シルクを創作し東洋風のプリント生産を開始したのが始まりである。当時のイギリス中流階級の間で共有されていたライフスタイル,「アート・アンド・クラフツ運動（美術工芸運動）」を背景とし, 人気を博していた。絵柄としては, 自然の草花, 小鳥, 樹木などをモチーフとしたものが一般的である。

12) リバティプリントファッションショーでは, 婦人服, 紳士服, スポーツウェアを中心とした大人向けのショーでは販売員がモデルとなり, 子供服のショーにおいては, 地域の生活者（主に子供とその母親）がモデルを務める。
13) エイチ・ツー・オー リテイリング株式会社 決算報告より (2008年, 2009年, 2010年, 2011年, 2012年, 2013年)
14) 詳しくは, 和田充夫『関係性マーケティングの構図 マーケティング・アズ・コミュニケーション』有斐閣, 1998年, 84-88頁 参照。
15) 同上書, 1998年, 87頁。
16) 同上書, 87頁。

執筆者紹介（執筆順。なお＊は編者）

岡山武史＊（おかやま たけし）：第1章・第6章執筆
　近畿大学経営学部准教授
松井温文（まつい あつふみ）：第2章・第4章執筆
　追手門学院大学経営学部専任講師
佐野楓（さの かえで）：第3章執筆
　和歌山大学観光学部准教授
菊池一夫（きくち かずお）：第5章執筆
　明治大学商学部教授
山本奈央（やまもと なお）：第7章執筆
　名古屋市立大学経済学研究科講師
田村直樹（たむら なおき）：第8章執筆
　関西外国語大学外国語学部准教授
山崎方義（やまさき まさよし）：第9章執筆
　株式会社クボタ コーポレート・コミュニケーション部シニアスペシャリスト
圓丸哲麻（えんまる てつま）：第10章執筆
　麗澤大学経済学部助教

編者紹介

岡山武史（おかやま たけし）
　近畿大学経営学部准教授
　博士（商学）
　大阪府生まれ。
　2011 年　近畿大学大学院商学研究科博士後期課程修了

リレーションシップ・マーケティング
　　　―インタラクション志向の関係性へ―

2014 年 8 月 20 日　第 1 刷発行
2014 年 10 月 30 日　第 1 版 2 刷発行
2016 年 9 月 20 日　第 1 版 3 刷発行

編著者：岡山武史
発行者：長谷 雅春
発行所：株式会社五絃舎
　　　　〒173-0025　東京都板橋区熊野町 46-7-402
　　　　Tel & Fax：03-3957-5587
　　　　e-mail：h2-c-msa@db3.so-net.ne.jp
組　版：Office Five Strings
印　刷：モリモト印刷
ISBN978-4-86434-038-0

Printed in Japan　　ⓒ検印省略　2016